国家社会科学基金重点项目："推动文化产业成为国民经济支柱产业研究"（12AZD018）
——子课题："推动数字创意产业发展研究"

国家自然科学基金面上项目："数字创意产品多业态联动开发机理及模式研究"（71874142）

四川省高校人文社会科学重点研究基地"地方文化资源保护与开发研究中心"
科研项目："'互联网+'背景下成都文化创意产业跨越式发展研究"（17DFWH025）

西华大学社会科学重点科研基金项目："互联网创意产品运营模式研究"（ZW1620720）

西华大学"青年学者"支持计划项目资助

推动我国数字创意产业发展研究

Research on the Development of Digital Creative Industry in China

陈睿◎著

中国经济出版社
CHINA ECONOMIC PUBLISHING HOUSE
北 京

图书在版编目（CIP）数据

推动我国数字创意产业发展研究 / 陈睿著 .
—北京：中国经济出版社，2019.12（2023. 6 重印）
ISBN 978-7-5136-5919-2

Ⅰ . ①推… Ⅱ . ①陈… Ⅲ . ①数字技术 – 应用 – 文化产业 – 产业发展 – 研究 – 中国 Ⅳ . ① G124-39

中国版本图书馆 CIP 数据核字（2019）第 211901 号

责任编辑 张利影
责任印制 巢新强
封面设计 久品轩

出版发行 中国经济出版社
印 刷 者 北京建宏印刷有限公司
经 销 者 各地新华书店
开 本 710mm × 1000mm 1/16
印 张 14.75
字 数 210 千字
版 次 2019 年 12 月第 1 版
印 次 2023 年 6 月第 2 次
定 价 52.00 元
广告经营许可证 京西工商广字第 8179 号

中国经济出版社 **网址** www.economyph.com **社址** 北京市东城区安定门外大街 58 号 **邮编** 100011

前　言

2016 年 3 月，“数字创意产业”的概念首次在《政府工作报告》中被提及，报告提出“大力发展数字创意产业”。《“十三五”规划纲要》再次提出“支持数字创意产业发展壮大”，将其作为支持战略性新兴产业发展的重要任务之一。2016 年 11 月，数字创意产业被纳入《“十三五”国家战略性新兴产业发展规划》，与新一代信息技术、生物、高端制造、绿色低碳产业一起，并列成为五大 10 万亿级别的战略性新兴产业之一。

作为文化创意产业与信息技术产业融合发展形成的新型产业形态，数字创意产业是创意与技术融合共生的复合体，属于高技术服务业。在产业层面，数字创意产业呈现加速发展态势，用户规模、作品数量、销售收入都在迅速扩大和增加。值得肯定的是，我国数字创意产业大力开拓海外市场，取得明显成效，已经成为中华文化“走出去”的排头兵。数字创意产业的发展具有创新性：一方面，产业内部的新产品、新业态、新模式层出不穷；另一方面，与相关产业的交叉、融合、创新也大量出现。在理论层面，数字创意产业的高速发展为多个学科的研究提供了现实材料，尤其是数字创意产业所具有的鲜明跨界特征，为相关学科开展交叉融合研究提供了机会。

为了系统地分析和研究我国数字创意产业发展的基本理论、总体情况、价值链结构与多业态融合发展、典型产业形态、空间分布与集群化发展、海外拓展、保障体系等基本问题，本书按照以下研究思路展开：

第一，介绍了数字创意产业发展的基本理论问题，包括数字创意产业的内涵、组成、分类、特征、发展规律等。第二，对数字创意产业发展进行了国际比较研究，分析了美国动画产业、英国游戏产业、日本ACG产业的基本特征和发展模式，并对三者进行横向对比分析。第三，对我国数字创意产业发展的总体情况进行分析，主要涉及基本情况、主要特征和面临的主要问题等。第四，分析数字创意产业的价值链结构，具体在分析一般文化创意产业价值链的基础上，探讨数字创意产业的价值链构成，进而探讨数字创意产业发展所具有的一个重要现象——多业态融合发展。第五，对数字创意产业的典型子产业进行研究。将数字创意产业的子产业划分为“传统转型产业”和“新兴产业”两大类别，并分别对这两大类产业的发展现状和运行模式进行分析。传统转型产业主要包括影视产业、数字音乐产业、数字出版产业，新兴产业主要包括动漫游戏产业、网络文学产业、网络视频产业、虚拟现实产业。第六，对我国数字创意产业发展的空间分布和主要产业集群进行研究，在探讨数字创意产业集群化发展的基本理论的基础上，具体分析环渤海地区、长三角地区、珠三角地区、中西部地区数字创意产业集群发展的基本情况。第七，对我国数字创意产业海外市场拓展的相关问题进行研究，具体分析了数字创意产业海外市场拓展的主要影响因素、基本路径。第八，探讨数字创意产业发展的保障体系，主要介绍政策和法律保障体系、行业协会体系、财政金融支持体系和人才培养体系的构成，并提出优化建议。

本书是“数字创意产业”这一概念正式提出三年多来，对产业发展现状在理论上做出的一个系统分析，是四川大学商学院杨永忠教授主持的国家社会科学基金重点项目“推动文化产业成为国民经济支柱产业研究”（12AZD018）的系列研究成果之一。笔者力图做到书中的观点和理论分析能反映产业发展的最新情况，期望为我国数字创意产业发展提供一个理论分析体系和政策参考框架。数字创意产业涉及范围广、交叉领域多、技术含量高，要对其进行全面系统的分析，是一个非常大的挑战。由于笔者学识水平有限，本书只是抛砖引玉，期待更多的研究成果问世。

陈　睿

2019 年 9 月

目　录

第一章　绪　论

第一节　研究背景与问题的提出

一、研究背景

20 世纪 90 年代以来，以数字技术、互联网技术、多媒体技术为代表的信息技术开始逐步被应用于国民经济各个部门，给整个经济和社会体系带来了革命性变化。在这一历史进程中，文化产业也经历了深刻的变革，集中体现在文化、信息和通信三大产业的融合发展和 3C（Content, Computer and Communication）产业的兴起。在这一背景下，逐步形成了基于互联网技术和多媒体技术的新型文化产业形态——数字创意产业。从形成较为完整的产业形态开始，数字创意产业一直保持着较快的发展速度，迅速成为西方发达国家的新兴支柱产业。进入 21 世纪第二个十年以来，随着人工智能技术、云计算、4G 通信和光纤宽带网络的大规模应用，尤其是互联网用户规模的迅速扩大和市场成熟度的不断提升，数字创意产业迎来了更加广阔的发展前景。在我国，数字创意产业的发展已经具备相当规模，呈现出良好的发展态势。

党和国家高度重视我国数字创意产业的发展。2011 年 10 月，中共十七届六中全会决议指出，“要充分发挥科技创新对文化发展的重要引擎作用，深入实施科技带动战略，推进文化科技创新”。2012 年 2 月发布的《国家“十二五”时期文化改革发展规划纲要》明确提出：“推进文化科技创新，发挥文化和科技相互促进的作用，深入实施科技带动战略，增强自主创新能力。”2012年6月，由科技部、文化部、中宣部、广电总局、财政部和新闻出版总署联合发布的《国家文化科技创新工程纲要》进一步明确指出：“科技与文化融合态势凸显，主要由数字技术和网络信息技术掀起的高科技浪潮在改造提升传统文化产业的同时，还催生了一大批新的文化形态和文化业态。科技已交融渗透到文化产品创作、生产、传播、消费的各个层面和关键环节，成为文化产业发展的核心支撑和重要引擎。”2012年11月，党的十八大报告明确提出，“增强文化整体实力和竞争力”，要“促进文化和科技融合，发展新型文化业态，提高文化产业规模化、集约化、专业化水平”。2014年2月，国务院印发《关于推进文化创意和设计服务与相关产业融合发展的若干意见》，明确提出，“加强科技与文化的结合，促进创意和设计产品服务的生产、交易和成果转化，创造具有中国特色的现代新产品，实现文化价值与实用价值的有机统一”，要“深入实施国家文化科技创新工程”。

2016年的《政府工作报告》首次从国家层面明确提出“数字创意产业”的概念，提出要“大力发展数字创意产业”。《“十三五”规划纲要》再次强调“支持数字创意产业发展壮大”，将其作为支持战略性新兴产业发展的重要任务之一。2016年11月，数字创意产业被纳入《“十三五”国家战略性新兴产业发展规划》，与新一代信息技术、生物、高端制造、绿色低碳产业一起，并列成为五大10万亿级别的战略性新兴产业之一。2017年4月，文化部发布了《关于推动数字文化产业创新发展的指导意见》，提出要引导数字文化产业的发展方向，明确了着力发展的重点领域，要求建设数字文化产业创新生态体系。

数字创意产业具有市场潜力大、产业带动性强、不消耗能源、无污染、技术含量高、智力资本密集的特点。对进一步优化经济结构、增加就业、促进经济增长方式转变具有非常积极的作用。大力推动数字创意产业发展，成为深入推进我国文化领域供给侧结构性改革、加快推动我国文化产业转型升级的关键举措和重要抓手。更为重要的是，在数字化和网络化的今天，一个国家数字创意产业的发展水平和国际竞争力的强弱，在很大程度上决定着该国文化软实力和综合实力的大小。因此，促进和推动我国数字创意产业发展已经成为产业界、公共政策和学术界共同关注的重要议题。

二、问题的提出

当前，我国数字创意产业呈现出良好的发展态势：一方面，产业的高速发展不断催生新产品、新业态、新模式；另一方面，与相关产业的融合、创新成为产业发展的基本动力。数字创意产业是传统文化产业与信息技术产业融合发展产生的新型产业形态，涉及范围广、交叉领域多，其发展涉及的问题涵盖经济学、管理学、传播学、美学、艺术学、计算机科学等学科领域，涉及诸多层面的问题。

在基础层面上，需要研究和科学回答数字创意产业的内涵界定、组成与分类、基本特征、发展规律、价值链结构等基本理论问题；在运营层面上，需要研究和科学回答我国数字创意产业发展的总体情况、主要业态、空间分布、产业集群、海外运营等基本问题；在支撑层面上，需要研究和科学回答我国数字创意产业发展的政策供给、法律保障、行业协会、金融支持、人才培养等基本问题。

上述三个层面的基本问题，大体上构成了本研究的主体部分。需要指出的是，其中每一个问题点，又包含了一系列更加细分的问题点，对这些问题点的深入探究，需要系统化和持续的研究跟进。

第二节　研究的理论意义与实践价值

数字创意产业的蓬勃发展，为诸多学科提供了研究机会。本研究的意义和价值主要体现在理论和实践两个层面。

一、理论意义

本书以产业经济学、网络经济学、文化经济学、创意经济学、创意管理学（杨永忠，2018）等相关理论为基础，系统研究我国数字创意产业发展涉及的系列理论问题。本书重点关注数字创意产业的组成分类、特征、发展规律、产业集群等基本问题，拓展和深化了产业经济学的相关研究。对数字创意产业价值链结构的研究，进一步拓展了价值链的相关理论，深化了对创意价值生产的认识，拓展了文化经济学和创意管理学的研究维度。同时，对数字创意产业内部多种业态发展的具体分析，进一步丰富和发展了关于出版、电影、电视、音乐等传统媒介产业的研究，为数字创意产业研究提供一个经济学和传播学的交叉研究框架。

二、实践价值

本研究突出实践价值导向和政策导向，重点关注数字创意产业发展过程中需要解决的一些关键性问题，如数字创意产业发展过程中涉及的集群化发展、海外市场拓展、投融资、人才培养、保障体系等现实问题，分析这些问题背后的原因，并在此基础上提出针对性的政策建议。本研究的基本目标是为我国数字创意产业发展提供一个较为系统的理论分析体系和政策参考框架，从而有利于提升我国数字创意产业的整体发展水平，增强我国数字创意产业的核心竞争能力。

第三节　国内外研究现状

2016 年的《政府工作报告》中，数字创意产业的概念首次被提及。在中国知网的搜索记录表明：通过篇名检索含有“数字创意产业”的文章共计 46 篇，其中，CSSCI、北大核心来源期刊文章共计 14 篇，2010 年 4 篇、2011 年 1 篇、2017 年 2 篇、2018 年 4 篇、2019 年 3 篇。[①] 可以看出，作为一个专有概念，2016 年《政府工作报告》中明确提出这一概念之前，学界对“数字创意产业”没有形成一个统一的认识。但是作为“文化产业”和“创意产业”整体研究的一部分，国内外学者对数字创意产业发展的相关主题或子产业发展情况进行了研究和探讨。

一、国内研究总体情况

对中国知网的搜索结果表明：我国学者对“文化产业”的系统研究始于 1992 年，对“创意产业”和“文化创意产业”的系统研究分别始于 2004 年和 2005 年。从 2004 年开始，一些学者开始关注文化产业与信息技术产业、互联网产业融合发展的重要趋势，先后使用了“数字娱乐产业”“网络文化产业”“数字内容产业”“数字创意产业”“数字文化产业”“互联网文化产业”等概念，并对这一趋势和现象展开研究。统计数据如表 1-1 所示。

表 1-1　与数字创意产业发展相关的研究文章数量——中观产业层面（CNKI）

搜索关键词	文章篇数	最早发表时间	最晚发表时间
文化产业	4329	1992	2019
创意产业	1972	2004	2019

① 检索截止时间为 2019 年 8 月 9 日。

续表

搜索关键词	文章篇数	最早发表时间	最晚发表时间
版权产业	76	1998	2019
文化创意产业	1039	2005	2019
数字娱乐产业	9	2004	2014
网络文化产业	44	2004	2018
数字内容产业	67	2006	2019
数字创意产业	14	2010	2018
数字文化产业	8	2013	2019
互联网文化产业	8	2015	2019

注：搜索条件为：①搜索数据库为中国知网学术期刊库；②搜索方式为篇名检索；③来源类别限定为核心期刊和 CSSCI；④搜索截止时间为 2019 年 8 月 9 日。

除中观产业层面的研究以外，部分学者从“产品”的角度对数字创意产业发展的微观层面问题进行了探讨，统计数据如表 1–2 所示。

表 1–2 与数字创意产业发展相关的研究文章数量——微观产品层面（CNKI）

搜索关键词	文章篇数	最早发表时间	最晚发表时间
文化产品	363	1992	2019
创意产品	171	2000	2019
文化创意产品	114	2007	2019
网络文化产品	3	2016	2017
数字内容产品	11	2006	2019
数字创意产品	1	2018	2018
数字文化产品	1	2017	2017

注：搜索条件为：①搜索数据库为中国知网学术期刊库；②搜索方式为篇名检索；③来源类别限定为核心期刊和 CSSCI；④搜索截止时间为 2019 年 8 月 9 日。

由表 1–2 可知，对微观层面的研究要普遍晚于对中观层面的研究，且文章篇数整体较少。这一现象基本符合对文化产业整体研究的自然逻辑。除了对数字创意产业的相关问题进行整体性、总括性的研究，许多学者还对构成数字创意产业的具体产业形态进行了探讨，统计数据如表 1–3 所示。

表 1-3　与数字创意产业发展相关的研究文章数量——主要产业形态（CNKI）

搜索关键词	文章篇数	最早发表时间	最晚发表时间
数字出版 + 产业	246	2004	2019
电影 + 产业	700	2000	2019
电视 + 产业	541	1993	2019
影视 + 产业	226	2000	2019
动漫 + 产业	584	2004	2019
游戏 + 产业	85	2002	2019
动漫游戏 + 产业	19	2007	2019
网络文学 + 产业	13	2014	2018
网络视频 + 产业	25	2009	2019
数字音乐 + 产业	15	2007	2018
设计 + 产业	691	1992	2019
虚拟现实 + 产业	12	2016	2019
特效 + 产业	6	2009	2015

从表 1-3 中可以看出，数字创意产业的主要产业形态可以依据研究起始时间点来进行区分，可分为两大类：一是传统转型产业。这类产业的研究起始时间点相对较早，如出版产业、影视产业、音乐产业、设计产业等。这类产业是传统文化产业在数字化转型过程中，对自身价值链进行重构、升级而形成的产业形态。二是新兴产业。这类产业的研究起步相对较晚，如动漫游戏产业、网络文学产业、网络视频产业、虚拟现实产业、特效产业等。这类产业是以互联网技术、计算机图形技术、虚拟现实技术等新技术为基础，以文化创意为核心，新近建立和发展起来的产业形态。由于这两类产业的技术基础和发展路径存在显著的差异性，后续将对这两类产业形态分别进行专门探讨。

从统计情况来看，目前学术界对数字创意产业相关术语的使用是非常多样化的，这一情况与数字创意产业发展迅速表现出来的特征复杂多样有直接关系。事实上，不同的术语突出和强调了数字创意产业某一方面的特征。但不管术语如何变化，都需要明确“数字创意产业”与“文化产业”之间究竟是什么关系。有学者认为，数字创意产业是数字经济的重要组成部分，将成为数字经济链接文化产业、生活服务、生产制造的枢纽，发展数字创意产业的本质是对文化产业的优化和重构（陈刚，宋玉玉，2019）。从产业实践来看，数字创意产业具有文化产业与信息技术产业的双重特性，可以把文化产业视为数字创意产业发展的基础，也可以将数字创意产业视为文化产业在数字化和网络化条件下的升级和发展。

二、国外研究总体情况

对 Web of Science 的搜索结果表明：国际上对文化产业、创意产业的研究起始于 21 世纪初。WOS 核心集合最新产品中的四大索引源都把起始时间设定为 2002 年之后，但是准确的研究起始时间应该更早。从关键词搜索结果来看，一些在国内使用的概念，如“数字娱乐产业”“数字创意产业”“数字文化产业”“网络文化产业”“互联网文化产业”等并没有成为国际上通行的学术范畴。国际上使用较多的概念有“文化产业”“创意产业”“内容产业”“版权产业”等。统计数据如表 1–4 所示。

表 1–4　与数字创意产业发展相关的研究文章数量——中观产业层面（WOS）

搜索关键词	文章篇数	最早发表时间	最晚发表时间
文化产业（culture industry/cultural industry/cultural industries）	316/327/327	2002	2019
创意产业（creative industry/creative industries）	446/446	2002	2019
版权产业（copyright industry/copyright–based industry）	15/1	2004	2019
文化创意产业（cultural and creative industries）	74	2012	2019
数字娱乐产业（digital entertainment industry）	2	2006	2015
网络文化产业（network culture industry）	1	2010	2010
内容产业 / 数字内容产业（content industry/content industries/ digital content industry）	168/168/13	2003	2019

续表

搜索关键词	文章篇数	最早发表时间	最晚发表时间
数字创意产业（digital creative industry）	10	2014	2019
数字文化产业（digital culture industry）	4	2010	2019
网络文化产业（internet culture industry）	1	2007	2007

注：搜索条件为：①数据库选择为 Web of Science Core Collection；②搜索方式设定为 Title；③来源类别限定为 Science Citation Index Expanded（SCI-EXPANDED）——2002-present，Social Sciences Citation Index（SSCI）——2002-present，Arts & Humanities Citation Index（A&HCI）——2002-present，Emerging Sources Citation Index（ESCI）——2015-present；④时间跨度设定为 All years（1986—2019）；⑤文档类型限定为 Article；⑥搜索截止时间为 2019 年 8 月 9 日。①

与国内研究类似，在国际期刊发表的相关文章中也有一部分关注到数字创意产业发展的微观产品层面。统计数据如表 1-5 所示。

表 1-5 与数字创意产业发展相关的研究文章数量——微观产品层面（WOS）

搜索关键词	文章篇数	最早发表时间	最晚发表时间
文化产品（cultural products）	190	2002	2019
创意产品（creative products）	75	2002	2019
文化创意产品（cultural and creative products）	9	2010	2019
网络文化产品（network culture products）	0		
数字内容（digital content product）	4	2002	2018
数字创意产品（digital creative products）	0		
数字文化产品（digital culture products）	1	2015	2015

从表 1-5 可以看出，在国际期刊相关论文中，对数字创意产业发展微观层面的研究基本与中观层面的研究同步。从关键词搜索结果来看，使用较多的学术概念有："文化产品""创意产品"，这与中观层面研究使用的学术概念一致。与国内研究类似，在国际期刊论文中，许多研究都关注到了数字创意产业的具体产业形态，统计数据如表 1-6 所示。

① 从检索情况来看，由于 WOS 系统会对英文短语自动进行单词拆分，因此通过这种检索方式获得的数据可能包括一部分无关数据。但从总体来看，这种检索方式获得的数据能够以相对一致的口径反映国外研究的总体情况。

表 1–6　与数字创意产业发展相关的研究文章数量——主要产业形态（WOS）

搜索关键词	文章篇数	最早发表时间	最晚发表时间
数字出版产业（digital publishing+industry）	6	2011	2017
电影产业（film+industry/movie+industry）	279/48	2002	2019
电视产业（TV+industry/television+industry）	43/79	2002	2019
动漫产业（animation+industry/anime+industry/comic+industry）	22/2/4	2010	2019
视频游戏产业（video game+industry）	64	2002	2018
网络文学（internet literature）	59	2002	2019
流媒体 / 网络视频（streaming media/internet video）	404/269	2016	2019
数字音乐产业（digital music+industry）	12	2003	2019
设计产业（design+industry）	676	2002	2019
虚拟现实产业（virtual reality+industry/VR+industry）	24/1	2002	2018
特效产业（special effects+industry/VFX+industry）	0/2	2013	2018

从表 1–6 中可以看出，与电影产业、电视产业、设计产业、网络视频相关的国际期刊论文数量最多，然后是游戏产业、动画产业、网络文学产业、数字出版产业、数字音乐产业、虚拟现实产业、网络视频产业和特效产业。从总体上看，有关数字创意产业具体产业形态的国际期刊论文数量较多，这说明这些研究更偏重于对具体产业形态的研究。

综合来看，国外虽然没有提出明确的“数字创意产业”概念，但相关研究成果较为丰富。国外研究从“文化产业”“创意产业”“版权产业”的角度对数字创意产业发展的相关问题进行了研究。从细分层次来看，对电影、电视、网络视频、动漫、设计等细分产业进行了不同程度的探讨。

三、代表性观点

从检索情况来看，国内外对数字创意产业的相关研究主要是从中观产业层面、微观产品层面和细分行业层面展开研究。在这三个层面的研究中，又可以根据数字创意产业本身的特性，对相关研究成果的代表性观点进行归纳，主要包括数字创意产业的内涵与特征、价值链与价值创造过程、内容生产、平台经济性、消费者网络五个方面。

1. 数字创意产业的内涵与特征

2016年《政府工作报告》首次从国家层面提出了“数字创意产业”的概念。事实上，学术界对这一概念的探讨可以追溯到2007年。其中，比较具有代表性的观点如下：

数字创意产业是依托数字技术，以创意为动力，进行文化价值的创造，促进生活服务与生产制造领域的数字化重构，推动数字经济发展的新型产业（陈刚，宋玉玉，2019）。

数字创意产业是建立在创意资源基础上，运用现代数字技术、网络技术和大众传播技术等，以人的创造力为动力的企业及其以数字化、网络化生产方式进行的文化价值的创造和传播的产业，也包括运用文化创意和数字技术提高传统文化产业附加值（王博，张刚，2018）。

数字创意产业是技术与内容相互融合的新型产业形态，是以创意内容为核心，依托数字技术进行创作、生产、传播和服务，引领新供给、新消费，高速成长的新型文化业态，并主要通过互联网、手机和移动智能终端等与ICT密切相关的新兴媒体进行传播，呈现出生产数字化、传播网络化、消费信息化的特点（臧志彭，2018；陈洪，张静，孙慧轩，2017）。①

数字创意产业是以信息网络为平台，以数字化技术为工具，以知识文化为资源，以创意为动力而进行的文化价值创造、传播和运营等新经济活动（王红梅，王红，岳继华，2010；王红梅，杨燕英，王红，2010；王红梅，李代民，孙莹，2010）。

数字创意产业是建立在文化资源基础之上，运用现代数字技术、网络技术、现代通信技术和大众传播技术，主要以人（个体和团队）的精神创

① 该文作者均系《“十三五”国家战略性新兴产业发展规划》起草组成员。

造力、技艺才能为动力的企业及其以数字化、网络化生产方式进行的文化价值的创造、传播和交易等活动，也包括运用文化创意和新技术提高传统文化产业附加值的活动。在外延上，构成数字创意产业的核心产业部门包括通信增值文化服务业、互联网文化服务业、文化和娱乐软件业、现代影视业、数字（网络）游戏业、动漫业、数字（网络）出版业等，还应当包括这些核心产业部门与其他文化产业的融合和延伸的产业化形式，如数字动画与传统出版业的结合、现代影视与其他文化部门的融合等（周志强，夏光富，2007；夏光富，刘应海，2010）。

以上 5 种代表性观点，从不同的角度对“数字创意产业”进行了界定。虽然具体的表述存在差异，但都强调了数字创意产业的文化、创意、技术、跨界、融合等特征。

2. 数字创意产业的价值链与价值创造过程

有学者认为，数字创意产业的价值链具有高附加值、高技术和高风险的特征。根据数字创意产业的特点，可以将其产业结构分为上游组织、中游组织和下游组织。上游组织是内容创造方，中游组织是平台提供方，下游组织是渠道方（王博，张刚，2018）。

对游戏产业的研究发现，数字内容的开发和运营在本质上既是创意价值链的生长过程，也是文化、技术、经济要素在价值链上的融合过程。研究表明，通用竞争战略的基础维度对融合过程的实现和转化具有重要影响（杨永忠，陈睿，2017）。就视频游戏而言，价值链的构成涉及生产者、消费者、硬件平台和销售渠道四个方面（Marchand，A. 和 Hennig-Thurau，T.，2013）。由于视频游戏具有很强的互动娱乐特征，平台服务商和消费者在价值创造过程中发挥着更为重要的作用（Gidhagen，M.，Ridell，O. P. 和 Sorhammar，D.，2011）。对动漫产业而言，数字内容的价值创造过程集中体现为“价值网”的形成和发展（高薇华，2013）。在网络视频产业中，视频网站价值链延伸主要基于硬件入口的用户价值和视频电商的平台价值两大维度（黄艳，2017）。

综合来看，数字创意产业的价值创造过程具有典型的“创意密集”特征。有学者对这一过程中的管理问题、信息技术的应用问题进行了研究，具体对数字创意产业中电影和视觉特效的生产过程进行了实证分析，认为这一过程具有客户依赖、交互和复杂的管理性质，并在输出结果、过程结构和要求资源等方面具有很高的不确定性（Seidel, S.，2011）。

3. 数字创意产业的内容生产

在数字创意产业的整个价值链条中，内容生产是整个价值链的源头，而创意则是内容生产的开端。在数字内容的开发与运营过程中，文化资本发挥着重要的基础性作用（Cadin，L. 和 Guerin，F.，2006）。社会文化的许多要素，不可避免地会影响数字内容的价值呈现，如美国视频游戏产品中所包含的性别、种族等社会文化要素体现了美国文化的精神内核（Dunlop, J. C.，2007）。在动漫游戏产品开发中，文化资源在现代技术手段和创意思维的综合作用下，通过外形塑造、结构重组、内容融合等方式形成产品，并通过二次开发和衍生品运营等方式向文化资本转化（韦文杰，2012）。

技术变革对内容生产具有重要影响。在视频游戏产品的创意过程中，无论是基于已有平台来开发新游戏产品，还是研发基于新游戏平台的全新游戏产品，技术变革都将进一步加剧产品创意过程的非线性和不可预测性，使得产品创意过程更加类似于一个“创意谈判”的过程（Lê，P. L.，Massé, D 和 Paris, T.，2013）。另外，基于不同的视频游戏平台，软件质量对游戏软件消费者感知具有重要影响。通过应用“质量功能部署”（Quality Function Deployment）的技术方法论，可改进游戏软件产品开发过程，提升用户体验和产品价值（Ip，B. 和 Jacobs，G.，2006；Ip，B. 和 Jacobs，G.，2006）。

数字创意产业的内容生产具有全球化分工的特点。例如，动画行业已经形成了一个全球性的生产网络。该网络在市场结构、劳动力分工、需求结构、生产技能的扩散等方面与传统电影的生产具有显著差异（Yoon，H. 和 Malecki，E. J.，2010）。在对挪威奥斯陆新兴的动画企业的案例分析中，发现正式项目组织与非正式的社会网络之间的互动对企业发展具有重要影响，这一互动关系成为奥斯陆动画企业的本地优势的重要基础（Garmann Johnsen，I H，2011）。在动画电影市场，Ilion Animation Studios 在制作其动画电影作品《51 号星球》（*Planet* 51）的过程中采用了明显的差异化竞争策略（Martin Nunez，M，2010）。研究还发现，不同形态的内容产品之间存在正向影响，如视频游戏产品可以有效提升相关文化产品的消费，提升相关文化艺术活动的参与度（Borowiecki，K. J. 和 Prieto-Rodriguez，J.，2015）。

在数字创意产业中，内容的 IP 化具有特殊的价值。例如，影视 IP 价值是包括核心创意价值、内容产品价值、版权运营价值、衍生品开发价值等多层次的整体（金韶，2017）。围绕版权价值挖掘，先后出现和并存 3 种 IP 开发模式：产品扩展模式、项目协同模式和众创模式（刘兆明，2017）。有学者认为，优质 IP 文本具有完备的“故事世界”和粉丝规模两方面的特征（石蓉蓉，董健，2017）。而具有“互联网 +”特质的网络文学是泛娱乐生态体系的核心（鲍娴，2017）。在媒介融合的环境下，数字出版超越了传播介质和内容载体的限制，在内容生产与形态呈现方面体现出明显的柔性框架特征（江作苏，陈兰枝，2016）。

4. 数字创意产业的平台经济性

在数字创意产业中，基于互联网的平台经济广泛存在并发挥重要作用。平台是数字创意产业价值链的中介环节。有学者认为，在互联网经济中，平台正成为整合社会资源的核心领域（陈少峰，2015）。互联网平台具有典型的双边市场或多边市场（Two-Side or Multi-Side Markets）特征。原因有三点：一是互联网经济中交易的双方或者多方往往不是直接进行，而是通过有形或者无形的平台来实现；二是平台的双边或者多边存在较强的间接或者交叉网络外部性；三是对平台双边或者多边的定价往往是非中性的，定价结构会直接影响平台的用户量和交易额（傅瑜，隋广军，赵子乐，2014）。具有高度黏性的互联网双边市场形成了一个促使双边用户进行海量交易的商业价值网（丁宏，梁洪基，2014）。

在互联网经济中，互联网交易平台将产品和服务的供给者和消费者同时吸引和聚集到平台市场，使一切可能的潜在供需关系联系起来，实现交易（冯乾，唐航，2015）。例如，大量的企业间网络、企业内部网络和其他外部网络及其相互关系构成了视频游戏市场，网络间的可访问性和互操作性将决定整体市场的成熟程度（O'Donnell，C.，2011）。在全球视频游戏市场中，企业间网络的形成和变化是影响市场周期的重要内生机制（Balland，P.，De Vaan，M. 和 Boschma，R.，2013）。就视频游戏而言，价值链的构成涉及生产者、消费者、硬件平台和销售渠道四个方面，与传统的电影、音乐等娱乐产品相比，硬件平台对价值创造具有更大的影响（Marchand，A. 和 Hennig-Thurau，T.，2013）。需要指出的是，由于视频游戏具有很强的互动娱乐特征，平台服务商和消费者在价值创造过程中发挥着更为重要的作用（Gidhagen，M.，Ridell，O. P. 和 Sorhammar，D.，2011）。研究发现，在美国视频游戏市场中，存在明显的"间接网络效应"和"平台型控制"特征，这种特性使得平台差异化和为外部开发便利化变得非常重要（Srinivasan，A. 和 Venkatraman，N.，2010）。

平台的存在对数字创意产业的运行具有重要影响。视频游戏控制台市场中的"多方持有行为"对平台拥有者、消费者和生产者网络具有重要影响。例如，平台层次的多方持有行为，会对平台的销售产生不利影响；而在成熟的平台市场中，平台共享程度的增加会导致更多生产者层次的多方持有行为（Landsman，V. 和 Stremersch，S.，2011）。此外，互不兼容的多种游戏硬件平台和软件网络规模效应对第三方开发者软件产品的市场份额具有非常显著的影响（Gretz，R. T.，2010）。通过实施包括平台在内的垂直整合策略，可以提升游戏产品的排他性，但需要考虑采取适应性的价格和配套市场策略（Gil，R. 和 Warzynski，F.，2015）。在对联众网络游戏平台的研究中发现，通过获取梯度竞争优势是实现网络游戏平台成功的重要途径（余晖，朱彤，2003）。对“浙报传媒”的案例研究发现，确定平台包络边界的微观机制是以“资源竞争”和“捕食入侵”为基础的平台“双元组织机制”（蔡宁，王节祥，杨大鹏，2015）。

5. 数字创意产业的消费者网络

消费者网络是数字创意产业价值链的终端环节，是决定价值能否实现的关键。有学者从传播学的角度分析，认为数字内容之间的互动作用（Interchangeable Roles）颠覆了传统媒体信息从发送者到接收者单向流动的方式，使所有的信息都双向互动起来。这种互动作用可以发生在持有互联网终端的人与人之间，也可以发生在人与机器之间（Mundorf，N. 和 Bryant，J.，2002）。这种互动性使得交错互动的网络空间得以形成，消费者在这一网络空间可以尽情舒展自己的个性，突破时空界限的网络连接，拓展了参与者的社交圈，扩大了参与者的社交范围，提高了参与者的社交频率，极大地降低了人与人之间的孤独感和疏离感（McKenna，K. Y. A. 和 Bargh，J. A.，1999）。

数字内容产品的网络销售并没有因为物理距离的消失而失去其空间相关性，消费者之间的模仿行为是驱动区域内产品扩散的直接动力（刘霞，董晓松，姜旭平，2014）。网络消费遵循着文化空间秩序；网络消费者的学习对象有显著的亚文化空间差异；亚文化区内的网络消费学习具有同步性，而跨亚文化区与本地学习则是带动网络消费的主要动力（董晓松，刘霞，姜旭平，2013）。

研究发现，在线游戏具有明显的消费者网络驱动特征（Badrinarayanan，V. A.，Sierra，J. J. 和 Martin，K. M.，2015）。在视频游戏市场中，消费者网络是游戏企业的重要战略资产，其规模大小对游戏企业的业绩具有重要影响（Shankar，V. 和 Bayus，B. L.，2003）。在对 QQ 和 MSN 竞争案例的研究中发现，在采取相同竞争策略的条件下，消费者社会网络规模的大小，将对竞争结果产生重大影响（Hou，R.，Wu，J. W. 和 Du，H. S.，2017）。研究表明，消费者网络的活跃度也对在线游戏产品的绩效具有重要影响，针对不同活跃度的消费者群体，应采取不同的策略（Kaptein，M.，Parvinen，P. 和 Poyry，E.，2016）。对视频游戏产品而言，口碑营销具有重要作用。其中，专业评论比普通消费者评价对视频游戏产品的销量具有更为明显的影响（Cox，J. 和 Kaimann，D.，2015）。

从开发者的角度来看，游戏开发者之间的连通性对游戏企业也具有重要影响，在社会网络的视角下，开发商之间的知识溢出效应对企业发展具有明显的推动作用（Claussen，J.，Falck，O. 和 Grohsjean，T.，2012）。在视频游戏的开发、测试和扩散过程中，游戏开发公司与游戏用户社区之间的互动关系对产品成功具有重要意义（Burger-Helmchen，T. 和 Cohendet，P.，2011）。研究证实，通过向消费者提供额外的社交价值，庞大的消费者基数可以在视频游戏产品的生命周期的末期起到明显的抵消作用（Marchand，A.，2016）。

从以上代表性观点来看，国内外学者从不同的学科背景对数字创意产业的内涵、特征、价值链结构、内容生产、平台经济性、消费者网络等进行了研究和探讨。已有研究为本研究提供了非常重要的参考框架和基本思路。

第四节 研究方法与主要内容

一、研究方法

数字创意产业发展过程中涉及的基本科学问题可以归纳为基础层、运营层和支撑层三个层面。为了能较为系统地揭示这些问题背后隐藏的原理和规律，本研究从总体上遵循定性研究与定量研究相结合、规范研究与实证研究相结合、理论研究与经验研究相结合、纵向分析与横向分析相结合的原则，在推进研究的具体过程中，以上述“四个结合”为指导，综合使用调查研究、文献研究、归纳演绎和比较分析四大基本方法。

1. 调查研究法

产业实践是开展本研究的根本基础。对数字创意产业发展的总体状况、存在的问题、细分产业、海外拓展、产业集群的基本情况都需要开展全面、系统的调查研究。一方面，对相关部委、行业协会发布的有关数据和研究进行口径比对、数据比对、观点比对，挖掘出核心价值信息；另一方面，针对典型案例进行点对点的实地考察和分析，将对典型案例的调查研究结论作为开展本研究的基本事实支撑。

2. 文献研究法

已有研究是开展本研究的重要基础。在对国内外相关文献进行系统的学习、梳理与思考的基础上，分析和比较不同学科对数字创意产业研究的异同，归纳数字创意产业发展的内在逻辑，为研究提供基本的框架和基本思路。

3. 归纳演绎法

归纳演绎是开展本研究的根本路径。在调查研究和文献研究的基础上，对研究发现的现象、事实、数据进行归纳和整理，对背后隐藏的一般性规律进行思考，并将归纳所得的理论框架或范式应用于具体细分产业、案例的分析中，形成“现象—理论—现象”的完整闭环，从而推进研究过程。

4. 比较分析法

比较分析是开展本研究的重要手段。在推进研究的过程中，将通过比较研究进一步揭示关键范畴、事实、数据之间的相互关系。例如，对典型国家数字创意产业发展的比较更能有效揭示国际数字创意产业发展的一般性规律，对数字创意产业发展重点城市的比较更能有效揭示我国数字创意产业集群化发展的空间分布规律等。

本研究将综合采用以上方法，将定性与定量分析有机结合起来，力求做到动态、全面、系统地揭示我国数字创意产业发展的主要趋势和规律。

二、主要内容

本书的主要内容按照“基础层面—运营层面—支撑层面”的总体逻辑展开。具体如图 1–1 所示。

本书的三大部分内容既相互独立，又相互支撑，构成本研究的主体。

第一，基础层面的研究，包括数字创意产业发展的基本理论、国际比较和总体情况三章的内容。具体探讨数字创意产业的内涵、组成、分类、特征、发展规律；美国动画产业、英国游戏产业、日本 ACG 产业发展的基本情况、运行模式、横向比较、主要启示；我国数字创意产业发展的总体情况、基本特征、存在的问题等，涉及我国数字创意产业发展基础层面的问题。

第二，运营层面的研究，包括价值链与多业态融合发展、典型产业形态（传统转型产业）、典型产业形态（新兴产业）、集群化发展、海外市场拓展五章的内容。具体探讨数字创意产业的价值链结构、组成、运行规律、多业态融合发展；影视、数字音乐、数字出版等传统转型产业和动漫游戏、网络文学、网络视频、虚拟现实等新兴产业的发展现状与运行模式；数字创意产业集群化发展的基本理论、环渤海、长三角、珠三角、中西部数字创意产业发展集群的基本情况；我国数字创意产业海外市场拓展的基本情况、存在的问题、影响因素、基本路径等，涉及我国数字创意产业发展运营层面的问题。

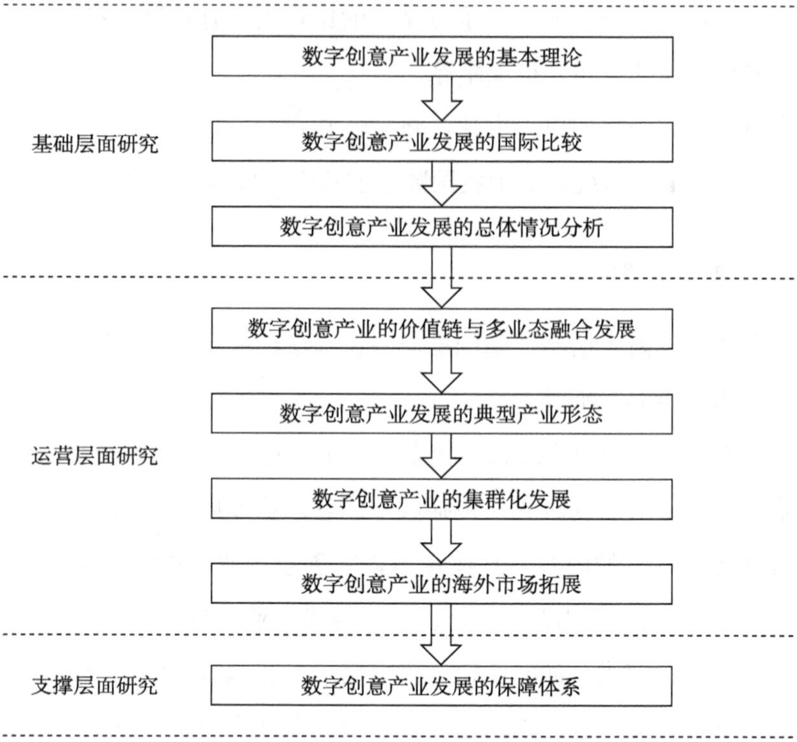

图 1–1　研究的主要内容

第三，支撑层面的研究，包括保障体系一章的内容，具体探讨政策与法律、行业协会、财政金融、人才培养等关键性支撑体系存在的问题与对策等，涉及我国数字创意产业发展支撑层面的问题。

第二章　数字创意产业发展的基本理论

数字创意产业是建立在文化创意产业和信息技术产业基础之上的新型产业形态，兼具两者的特征，具有与传统文化产业不同的特殊性质。下面讨论数字创意产业的内涵、组成、分类、主要特征，并对其发展规律进行分析。①

第一节　数字创意产业的内涵

为了准确地界定“数字创意产业”这一概念，首先对几个相关概念进行梳理和分析，并在此基础上给出数字创意产业的定义。

一、相关概念的比较

“文化产业”是“数字创意产业”发展的直接基础。在文化产业的发展过程中，在国际政策实践和学术研究层面先后提出了“创意产业”“内容产业”“数字内容产业”“文化内容产业”“版权产业”等概念。这些概念之间又在不同程度上互相交叉和融合。数字创意产业的相关概念如表 2-1 所示。

---

① 本章部分参考了作者 2016 年 12 月出版的《互联网创意产品运营模式》第三章的相关内容。陈睿，杨永忠．互联网创意产品运营模式——“互联网 + 文化创意”的微观机制［M］．北京：经济管理出版社，2016.

表 2-1　数字创意产业的相关概念比较

相关概念	时间	概念来源	定义
版权产业	1990	国际知识产权联盟（IIPA）	包括核心版权产业、部分版权产业、非专用支持版权产业、相互依存版权产业
内容产业	1995	西方七国信息会议 / 经济合作与发展组织（OECD）	制造、开发、包装和销售信息产品及其服务的产业；由主要生产内容的信息和娱乐业所提供的新型服务产业
信息业	1997	《北美产业分类系统》（NAICS）	除计算机设备制造业以外的出版业、电影和音像业、广播电视和电信业、信息和数据处理服务等产业
创意产业	1998	创意产业特别工作组（CITF）	源自个人创意、技能和才华，通过知识产权的声明和运用，能够创造财富和就业的活动的集合
文化内容产业	2001	韩国文化产业振兴院	文化传统、生活方式、思想及价值观和民间文化等因素产生的一切文化产品
数位内容产业	2004	中国台湾《数位内容产业白皮书》	将图像、文字、影像、语音等内容，运用信息技术进行数字化并加以整合运用的产品或服务

资料来源：笔者根据相关资料整理。

1995 年，西方七国信息会议提出了“内容产业”（Content Industry）的概念。1996 年，欧洲联盟发布了著名的《信息社会 2000 计划》，在该文件中界定了内容产业的具体内涵，即“制造、开发、包装和销售信息产品及其服务的产业”。1998 年，经济合作与发展组织（OECD）在其关于“新兴增长产业”的报告中，提出了内容产业的定义，即“由主要生产内容的信息和娱乐业所提供的新型服务产业”。值得注意的是，经合组织依据媒体介质的不同对“内容”的概念进行了具体界定，包括以物理介质存在的内容和以数字化形态存在的内容两大类型。

1997 年，《北美产业分类系统》（NAICS）中正式设置了一个新的一级产业部门——“信息业”。NAICS 将信息业定义为一个完整的部门，其构成包括生产和发布信息和文化产品的单位；提供方法和手段，传输和发布这些产品的单位；信息服务和数据处理单位。该一级部门包括除计算机设备制造业以外的出版业、电影和音像业、广播电视和电信业、信息和数据处理服务等产业。此外，北美地区还广泛使用“版权产业”的概念，世界知识产权组织（WIPO）和国际知识产权联盟（IIPA）将版权产业具体分为核心版权产业、部分版权产业、非专用支持版权产业和相互依存版权产业四部分（WIPO，2003；IIPA，2013）。

1998 年，英国布莱尔政府基于创意产业特别工作组（CITF）的相关建议，正式发布了创意产业路径文件（The Creative Industries Mapping Document），首次提出了“创意产业”（Creative Industry）的概念，将其定义为：“源自个人创意、技能和才华，通过知识产权的声明和运用，能够创造财富和就业的活动的集合。”[①] 创意产业的概念一经提出，就在世界范围内得到了广泛应用，不同的国家、地区和组织对其意义的内涵与外延都进行了界定，但均强调创意性、知识产权等属性。

澳大利亚文化经济学家 Throsby 使用同心圆法来界定“文化产业”与“创意产业”的概念，这一方法被欧洲联盟正式采用。在同心圆法中，以文化创意为中心，衍生创意和价值链条呈一个同心圆不断向外延伸和扩展，超出文化产业本身的范畴，将创意应用于设计业、制造业、农业等相关产业。在这一方法中，越靠近同心圆内侧的产业部分，其文化艺术属性越强，这部分被称为“文化产业”；而越靠近同心圆外侧的产业部分，则侧重于创意的应用，与周边产业的结合性越强，这部分被称为“创意产业”（Throsby，D，2010）。

韩国普遍使用“文化内容产业”的概念，其文化产业振兴院认为，文化内容产业是指“文化传统、生活方式、思想及价值观和民间文化等因素产生的一切文化产品”。中国台湾地区在其发布的《数位内容产业白皮书》中，明确界定了“数位内容产业”的概念，认为数位内容产业是“将图

① “创意产业”的原始定义引用自：创意产业路径文件（Creative Industries Mapping Documents，1998）。Published 9 April 1998 From：Department for Digital，Culture，Media & Sport [EB/OL]. [2019-05-02] .https://www.gov.uk/government/publications/creative-industries-mapping-documents-1998.

像、文字、影像、语音等内容，运用信息技术进行数字化并加以整合运用的产品或服务”。具体包括“内容软件、数字影音、电脑动画、数字游戏、网络服务、移动内容、数字出版典藏、数字学习”八大产业领域。

二、数字创意产业的界定

基于产业实践的实际情况，综合已有研究的主要观点，本书认为，数字创意产业是直接建立在数字技术、互联网技术、多媒体技术基础上的新型文化产业形态，可以从以下几个方面来界定其内涵。

第一，数字创意产业归根结底是文化产业，因此，它必然会反映特定国家和地区的传统、价值观和生活方式。

第二，数字创意产业产品主要以数字化的形态存在，并在互联网（包括移动互联网）上进行复制和传播，这意味着该产业将具备信息技术产业和互联网产业的大部分特征。

第三，数字技术、人工智能技术、多媒体技术为文化创意与创作提供了比传统方式更为广阔的思维空间、更加多样的创作手段和更加丰富的表现方式，这使得该产业具有极强的创意性、创新性。因此，该产业具备创意产业的核心特征。

第四，该产业主要满足人们休闲娱乐方面的精神需求，因此，数字创意产业也属于娱乐产业的一部分。数字创意产业具有数字化和网络化的特点，具有传统娱乐产业所不具备的互动性，以及随时随地按需进行信息交换的特点。

从总体上看，数字创意产业是整个文化产业体系中与现代科技结合最为紧密的部分，体现了文化、科技、经济要素的深度融合与共生发展。基于以上分析，本研究将数字创意产业定义为：数字创意产业是以文化资源为源泉，以创意为基础，以知识产权为核心，综合使用数字技术、互联网技术、多媒体技术、人工智能技术、云计算技术等新兴技术手段，将以图像、文字、语音、影像、虚拟现实为主要载体的文化内容进行整合化运用，提供娱乐性产品或服务的新型文化产业形态。

第二节　数字创意产业的分类

在现行统计框架下，数字创意产业基本与国际产业分类体系中信息部门和文化娱乐部门下的相关产业对应。关于这两大部门，北美产业分类体系（NAICS）、国际标准产业分类体系（ISIC）、欧盟产业分类体系（NACE）国际三大产业分类体系从不同的角度对数字创意产业进行了框架性分类。我国在最新修订的国民经济分类标准及衍生标准中，也对数字创意产业进行了界定和分类。

一、ISIC、NAICS 和 NACE 对数字创意产业的相关分类

1997 年，北美产业分类体系（North American Industry Classification System，NAICS）正式取代了美国标准产业分类体系（Standard Industry Classification，SIC），首次将“信息业”设置为一级产业部门（廉同辉，袁勤俭，2012）。此后，经过 2002 年和 2007 年的两次修订，NAICS 对信息业的分类界定日益完善。同时，欧洲联盟也于 2007 年对 NACE 2.0 版本进行修订，使之与 NAICS 保持最大程度的兼容性（崔维军，袁勤俭，2006）。在 NAICS 和 NACE 相关分类的基础上，2008 年，联合国统计委员会发布了《全部经济活动国际标准产业分类》（International Standard Industrial Classification of all Economic Activities，ISIC）的第四版。首次将“信息与通信业”增设为一级产业类别（J 门类），基本对应 NAICS 中的“信息业”和 NACE 中的信息与交流一级部门（李国秋，吕斌，2010），从而完成了对信息部门及其子类的完整界定。可以参照 ISIC rev.4 标准来完成对数字创意

产业的分类和子类界定，如表 2-2 所示。

表 2-2　数字创意产业涉及的 ISIC 分类

一级部门代码	二级部门代码	三级部门代码	四级部门代码	经济活动
J				**信息和通信**
	58			出版活动
		581		书籍和期刊的出版及其他出版活动
		582	5820	软件的发行
	59			电影和录音活动
		591		电影、录像和电视节目的制作活动
		592		录音和音乐作品发行活动
	60			电台和电视广播
		601	6010	电台广播
		602	6020	电台和电视广播
	61			电信活动
		611	6110	有线电信活动
		612	6120	无线电信活动
	62			计算机程序设计、咨询及相关活动
		620		计算机程序设计、咨询及有关活动
			6201	计算机程序设计活动
	63			其他信息服务活动
		631		数据处理、存储及相关活动，门户网站
			6311	数据处理、储存及有关活动
			6312	门户网站
		639		信息服务活动
			6391	新闻机构的活动
			6399	未分类的其他信息服务活动

续表

一级部门代码	二级部门代码	三级部门代码	四级部门代码	经济活动
R				**艺术、娱乐和文娱活动**
	90			艺术创作和娱乐活动
	91			图书馆、档案馆、博物馆和其他文化活动
	93			体育、娱乐和文娱活动

资料来源：根据 ISIC rev.4 整理。①

根据 ISIC rev.4 的产业分类体系和标准，数字创意产业主要涉及“信息和通信”（J 门类）和“艺术、娱乐和文娱活动”（R 门类）两大门类，具体涉及出版活动（58），电影和录音活动（59），电台和电视广播（60），电信活动（61），计算机程序设计、咨询及相关活动（62），其他信息服务活动（63），艺术创作和娱乐活动（90），图书馆、档案馆、博物馆和其他文化活动（91），体育、娱乐和文娱活动（93）9 个二级部门。这一分类涵盖了数字创意产业的完整产业链体系，如游戏软件的开发将先后涉及 62、63、61，3 个二级部门，反映了价值增值的完整过程。OECD 基于 ISIC rev.4，认为可以将 J 门类区分为信息和通信技术（ICT）和内容（CONTENT）两大部分（OECD，2006），（OECD，2009）。从国家产业分类体系来看，可以认为数字创意产业是信息技术产业与文化产业的融合形态。

二、《文化及相关产业分类（2018）》对数字创意产业的相关分类

2017 年，国家统计局颁布了新的《国民经济行业分类》（GB/T 4754-2017）产业分类国家标准。在此基础上，国家统计局对原有的《文化及相

① 全部经济活动国际标准产业分类（International Standard Industrial Classification of all Economic Activities，rev. 4）。

关产业分类（2012）》进行了修改和调整，于2018年4月颁布了新的《文化及相关产业分类（2018）》。新修订的《文化及相关产业分类（2018）》借鉴了联合国教科文组织发布的《文化统计框架—2009》的分类方法，在定义和覆盖范围上可与其有效衔接。

在2018版中，"文化及相关产业"被明确界定为："为社会公众提供文化产品和文化相关产品的生产活动的集合。"整个文化产业被划分为"文化核心领域"和"文化相关领域"两大部分。文化核心领域是指："为直接满足人们的精神需要而进行的创作、制造、传播、展示等文化产品（包括货物和服务）的生产活动。"文化相关领域是指："为实现文化产品的生产活动所需的文化辅助生产和中介服务、文化装备生产和文化消费终端生产（包括制造和销售）等活动。"① 同时，为反映文化新业态的发展，新修订的《文化及相关产业分类（2018）》专门设置了"互联网信息服务""数字内容服务""互联网文化娱乐平台""版权服务""信息服务终端""可穿戴设备生产"等子门类。依据该标准，可以对数字创意产业涉及的主要产业门类进行界定，具体如表2–3所示。

表2–3 数字创意产业涉及的《文化及相关产业分类（2018）》分类

《文化及相关产业分类（2018）》–大类代码	《文化及相关产业分类（2018）》–中类代码	《文化及相关产业分类（2018）》–小类代码	《文化及相关产业分类（2018）》–经济活动	GB/T 4754–2017–行业分类代码
01			**新闻信息服务**	
	013		广播电视信息服务	
		0131	广播	8710
		0132	电视	8720
	014		互联网信息服务	
		0141	互联网搜索服务	6421
		0142	互联网其他信息服务	6429

① 国家统计局．关于印发《文化及相关产业分类（2018）》的通知（国统字〔2018〕43号）［EB/OL］．http://www.stats.gov.cn/.

续表

《文化及相关产业分类（2018）》–大类代码	《文化及相关产业分类（2018）》–中类代码	《文化及相关产业分类（2018）》–小类代码	《文化及相关产业分类（2018）》–经济活动	GB/T 4754–2017–行业分类代码
02			**内容创作生产**	
	021		出版服务	
		0214	电子出版物出版	8625
		0215	数字出版	8626
	022		广播影视节目制作	
		0221	影视节目制作	8730
		0222	录音制作	8770
	024		数字内容服务	
		0241	动漫、游戏数字内容服务	6572
		0242	互联网游戏服务	6422
		0243	多媒体、游戏动漫和数字出版软件开发	6513*
		0244	增值电信文化服务	6319*
		0245	其他文化数字内容服务	6579*
03			**创意设计服务**	
	031		广告服务	
		0311	互联网广告服务	7251
	032		设计服务	
		0322	工业设计服务	7491
		0323	专业设计服务	7492
04			**文化传播渠道**	
	045		互联网文化娱乐平台	
		0450	互联网文化娱乐平台	6432*
07			**文化辅助生产和中介服务**	
	073		版权服务	
		0730	版权和文化软件服务	7520*

续表

《文化及相关产业分类（2018）》–大类代码	《文化及相关产业分类（2018）》–中类代码	《文化及相关产业分类（2018）》–小类代码	《文化及相关产业分类（2018）》–经济活动	GB/T 4754–2017–行业分类代码
09			文化消费终端生产	
	095		信息服务终端制造及销售	
		0953	可穿戴智能文化设备制造	3961*

资料来源：根据《国民经济行业分类》（GB/T 4754–2017）和《文化及相关产业分类 2018》综合整理。①

具体而言，可以参照《文化及相关产业分类（2018）》，将数字创意产业具体分为以下几类：

• 新闻信息服务—广播电视和互联网。具体包括广播（0131）、电视（0132）、互联网搜索服务（0141）、互联网其他信息服务（0142）四个小类。

• 内容创作生产—数字内容。具体包括电子出版物出版（0214），数字出版（0215），影视节目制作（0221），录音制作（0222），动漫、游戏数字内容服务（0241），互联网游戏服务（0242），多媒体、游戏动漫和数字出版软件开发（0243），增值电信文化服务（0244），其他文化数字内容服务（0255）九个小类。可以看出，该部分构成了数字创意产业的主体部分。

• 创意设计服务—工业设计与互联网广告。具体包括互联网广告服务（0311）、工业设计服务（0322）、专业设计服务（0323）三个小类。其中，专业设计服务主要指多媒体、动漫及衍生产品的专业设计服务。②

• 文化传播渠道—互联网文化娱乐平台。具体包括互联网文化娱乐平

① 行业分类代码后标有“*”的表示该行业类别仅有部分内容属于文化及相关产业。

② 专业设计服务（0323）包括时装、包装装潢、多媒体、动漫及衍生产品、饰物装饰、美术图案、展台、模型和其他专业设计服务。在本研究中，主要指多媒体、动漫及衍生产品的专业设计服务。详见《文化及相关产业分类（2018）》。

台（0450）一个小类。包括互联网演出购票平台、娱乐应用服务平台、音视频服务平台、读书平台、艺术品鉴定拍卖平台和文化艺术平台。①

• 文化辅助生产和中介服务—版权服务和信息终端。具体包括版权和文化软件服务（0730）、可穿戴智能文化设备制造（0953）两个小类。其中，可穿戴智能文化设备制造是指由用户穿戴和控制，并且自然、持续地运行和交互的个人移动计算文化设备产品的制造。②

三、《战略性新兴产业分类（2018）》对数字创意产业的相关分类

2018 年 11 月，国家统计局发布了《战略性新兴产业分类（2018）》③。该标准是在新的《国民经济行业分类》（GB/T 4754–2017）产业分类国家标准基础上，根据产业发展情况，重新制定的战略性新兴产业统计标准。在这一统计标准中，对作为五大战略性新兴产业之一的数字创意产业的统计范围进行了明确界定。依据该标准，对数字创意产业涉及的主要产业门类进行界定，具体如表 2–4 所示。

表 2–4 数字创意产业涉及的《战略性新兴产业分类（2018）》分类

大类代码	中类代码	小类代码	战略性新兴产业分类名称	国民经济行业代码（2017）	国民经济行业名称
8			数字创意产业		
	8.1		数字创意技术设备制造		
		8.1.0	数字创意技术设备制造		
				3969*	其他智能消费设备制造

①② 国家统计局．关于印发《文化及相关产业分类（2018）》的通知（国统字〔2018〕43 号）[EB/OL]. http://www.stats.gov.cn/.

③ 国家统计局．战略性新兴产业分类（2018）（国家统计局令第 23 号）[EB/OL]．http://www.stats.gov.cn/.

续表

大类代码	中类代码	小类代码	战略性新兴产业分类名称	国民经济行业代码（2017）	国民经济行业名称
	8.2		数字文化创意活动		
		8.2.1	数字文化创意软件开发		
				6513*	应用软件开发
		8.2.2	数字文化创意内容制作服务		
				6572	动漫、游戏数字内容服务
				6579	其他数字内容服务
		8.2.3	新型媒体服务		
				6429*	互联网其他信息服务
				6579*	其他数字内容服务
				8626	数字出版
		8.2.5	其他数字文化创意活动		
				6422*	互联网游戏服务
				6579*	其他数字内容服务
				8710*	广播
				8720*	电视
				8730*	影视节目制作
				8760*	电影放映
				8770*	录音制作
				8810*	文艺创作与表演
	8.3		设计服务		
		8.3.0	数字设计服务		
				7491*	工业设计服务
				7492*	专业设计服务
	8.4		数字创意与融合服务		
		8.4.0	数字创意与融合服务		

续表

大类代码	中类代码	小类代码	战略性新兴产业分类名称	国民经济行业代码（2017）	国民经济行业名称
	8.4	8.4.0		7251	互联网广告服务
				7259*	其他广告服务
				7281*	科技会展服务
				7282*	旅游会展服务
				7283*	体育会展服务
				7284*	文化会展服务
				7291*	旅行社及相关服务
				8625*	电子出版物出版
				8831*	图书馆
				8850*	博物馆

资料来源：根据《国民经济行业分类》（GB/T4754–2017）和《战略性新兴产业分类（2018）》综合整理。①

具体而言，可以参照《战略性新兴产业分类（2018）》，将数字创意产业具体分为以下几类：

• 数字创意技术设备制造。主要包括电影、电视、广播、音乐产业的专用设备制造等。在本研究中，主要指其他智能消费设备制造（3969*）国民经济行业小类，如虚拟现实、增强现实、全息成像、裸眼 3D、交互娱乐引擎开发、文化资源数字化处理、互动影视等领域先进装备，包括虚拟现实头戴显示设备和增强现实眼镜等数据手套、游戏控制器等动作感知、追踪定位和人机交互装置等。② 该部分构成了数字创意产业的基础部分。

• 数字文化创意活动。主要包括应用软件开发（6513*），如虚拟现实处理软件、动漫游戏制作引擎软件和开发系统、家庭娱乐产品软件、数字文化创意软件、游戏动漫软件、数字出版软件等；动漫、游戏数字内容服务（6572）；其他数字内容服务（6579*），如数字影视开发制作、数字音

① 行业分类代码后标有“*”的表示该行业类别仅有部分内容属于文化及相关产业。

② 国家统计局．战略性新兴产业分类（2018）（国家统计局令第 23 号）［EB/OL］．http://www.stats.gov.cn/.

乐开发制作、电子出版物开发制作、数字移动多媒体开发制作等；互联网其他信息服务（6429*），如网络图书馆服务、网络广播服务、手机新媒体服务等；其他数字内容服务（6579*），如新媒体数字化制作服务、数字媒体版权保护服务；数字出版（8626）；互联网游戏服务（6422*）；广播（8710*），主要指数字广播（数字广播节目制作、播放和基于广播电视网、专网及定向传播数字广播节目）；电视（8720*），主要指数字电视［数字电视节目的制作、播放和基于广播电视网、专网及定向传播数字电视节目（包括虚拟现实节目）］；影视节目制作（8730*），主要指数字影视节目制作（主要包括依托互联网、移动智能终端等新兴媒体进行传播的数字化音乐、动漫、影视、游戏、演出、艺术品、电子出版物、广告和移动多媒体等的设计开发制作）；电影放映（8760*）；录音制作（8770*）；文艺创作与表演（8810*）13 个国民经济行业小类[①]。该部分构成了数字创意产业的核心部分。

• 设计服务。主要包括两个国民经济行业小类：第一，工业设计服务（7491*），如数字化工业产品设计、数字化工业服务设计、3D 打印等领域工业设计、大数据及工业创新设计等；第二，专业设计服务（7492*），如多媒体设计服务、动漫及衍生产品设计服务，包括动漫产品设计服务、动漫衍生产品设计服务、体现交互式创意设计、虚拟化文化创意设计、数字化文化创意设计、网络化文艺创作设计等。[②] 该部分构成了数字创意产业的扩展部分。

• 数字创意与融合服务。主要包括互联网广告服务（7251）、其他广告服务（7259*）、科技会展服务（7281*）、旅游会展服务（7282*）、体育会展服务（7283*）、文化会展服务（7284*）、旅行社及相关服务（7291*）、电子出版物出版（8625*）、图书馆（8831*）、博物馆（8850*）10 个国民

①② 国家统计局．战略性新兴产业分类（2018）（国家统计局令第 23 号）［EB/OL］．http://www.stats.gov.cn/.

经济行业小类。[①] 该部分构成了数字创意产业与相关产业的融合部分。

除了上述分类标准，文化部关于“数字文化产业”的提法也具有重要的参考意义。2017 年 4 月，文化部发布的《关于推动数字文化产业创新发展的指导意见》（以下简称《意见》）明确提出：“数字文化产业以文化创意内容为核心，依托数字技术进行创作、生产、传播和服务，呈现技术更迭快、生产数字化、传播网络化、消费个性化等特点，有利于培育新供给，促进新消费。”《意见》认为：“数字文化产业已经成为文化产业发展的重点领域和数字经济的重要组成部分。”在数字文化产业的分类与组成方面，《意见》明确了动漫、游戏、网络文化、数字文化装备、数字艺术展示、虚拟现实六大重点发展领域。[②] 此外，国家统计局于 2018 年 8 月发布的《新产业新业态新商业模式统计分类（2018）》[③] 对探讨数字创意产业的组成与分类也具有重要的参考价值。

综合参照以上分类标准，特别是《战略性新兴产业分类（2018）》对数字创意产业四个层次的划分标准，本研究将侧重于分析数字创意产业核心层的相关产业类别，即聚焦于文化内容的数字化生产与消费的产业类别。同时，考虑到研究中数据的可获得性与可靠性，从分析的学理性和全面性出发，把数字创意产业划分为两个层次：

第一层次：传统转型产业。包括电影产业、电视产业、出版产业、音乐产业等，这些产业在数字技术、互联网技术、多媒体技术大规模普及之前就已经存在。进入 21 世纪后，这些产业从技术基础、制作手段、运营模式等方面向数字化转型，如电影、电视产业的数字化重构与升级，数字

① 国家统计局．战略性新兴产业分类（2018）（国家统计局令第 23 号）[EB/OL]．http://www.stats.gov.cn/.

② 中华人民共和国文化部．文化部关于推动数字文化产业创新发展的指导意见（文产发〔2017〕8 号）[EB/OL]．http://www.mct.gov.cn/.

③ 国家统计局．国家统计局关于印发《新产业新业态新商业模式统计分类（2018）》的通知（国统字〔2018〕111 号）[EB/OL]．http://www.stats.gov.cn/.

音乐、数字出版等新产业形态的产生。

第二层次：新兴产业。包括动漫游戏产业、网络文学产业、网络视频产业、虚拟现实产业等，这些产业与相关传统产业存在一定的联系，但主要是在数字技术、互联网技术、多媒体技术的支撑下，新近产生和发展起来的新型文化产业形态。新兴产业大多与互联网具有非常紧密的联系，代表了数字创意产业发展的前沿和未来方向。

从以上对产业类别的分析可以看出，数字创意产业并不等于单纯的文化产业，也不等于单纯的信息技术产业，它可以被视为文化创意产业与信息技术产业交叉融合产生的新型产业形态。

第三节　数字创意产业的特征

作为建立在数字技术、互联网技术、多媒体技术、人工智能技术、云计算技术基础之上的新型文化产业形态，数字创意产业本质上是信息技术产业与文化产业的融合形态，具有以文化创意为中心，通过技术、经济、社会要素的有机融合，实现价值创造与增值，并向周边产业辐射的性质。下面将分别分析数字创意产业的技术、经济和社会特征。

一、数字创意产业的技术特征

1. 高传输速率基础网络

数字创意产业的重要技术基础是以光纤宽带和 4G/5G 移动通信网络为代表的“有线—无线”整合性高速网络基础设施。在有线接入方式下，目前主要采用的技术标准是无源光网络（Passive Optical Network，PON），该标准能在不消耗电能的情况下实现光纤的长距离铺设和大容量数据的可靠传输。有线光纤接入能够向用户提供 10Mbps、100Mbps、1000Mbps 的传输速率，并能根据用户需要进行灵活的配置。在无线接入方式下，目前已经普及的 4G 网络可以提供最高 100Mbps 的传输速率，而最新的 5G 无线通信网络的传输速率可以达到 Gbit/s 的级别，已经能够达到固定光纤传输网络的传输能力。

截至 2018 年底，我国互联网用户中，采用光纤（FTTH）方式接入的用户达到 3.68 亿户，占固定互联网宽带接入用户总数的 90.4%。100M 以上接入带宽的用户占固定宽带接入用户总数的比例达到 70.3%。2018 年第四季度，我国固定宽带网络平均下载速率达到 28.06Mbps，移动宽带用户使用 4G 网络访问互联网时的平均下载速率达到 22.05Mbps。近年来，我国 5G 技术的研发取得突破性进展，以华为公司为代表的一批中国企业在 5G 核心技术领域取得了一大批专利，并取得了相关技术标准制定的话语权。2019 年 6 月 6 日，工业和信息化部向中国移动、中国电信、中国联通、中国广电 4 家企业颁发了 5G 商用牌照，我国 5G 应用开始向全面商业化推进。可以预见，随着我国互联网基础设施的飞速发展，数字创意产业将拥有更先进的网络支撑和更庞大的用户群体。

2. *按需访问与实时互动*

与基础高速通信网络设施的发展相对应，普通 PC 终端已进入全面普及时代，同时，以智能手机、平板电脑、可穿戴设备为代表的移动终端的普及率也在不断提升。据统计，截至 2018 年底，我国互联网用户总人数达到 8.29 亿人，接入互联网的主要终端产品有手机、台式电脑、笔记本电脑、智能电视，分别占总体规模的 98.6%、48%、35.9%、31.1%。[①]

移动智能终端、IPv6 协议、WEB2.0、HTML5 的大规模普及与全面应用，为规模空前的用户群体和物理设备提供“随时、随地、按需”接入互联网的服务，并提供访问、交换和加工海量信息内容的功能。IPv6 所拥有

① 中国互联网络信息中心 . 第 43 次《中国互联网络发展状况统计报告》[R / OL]. [2019-02-28] http://www.cac.gov.cn/2019-02/28/c_1124175677.htm.

的地址容量是 IPv4 的约 8×10^{28} 倍，达到 2^{128} 个。这不但解决了网络地址资源数量有限的问题，也为除电脑外的其他智能设备接入互联网扫清了数量限制上的障碍。截至 2018 年底，我国 IPv4 地址数量达到 338924544 个，IPv6 地址达到 41079 块 /32，较 2017 年底增长了 75.3%。[①] 在上述技术实用化的基础上，已经能够实现整个互联网用户（包含各类设备）之间点对点的无缝连接，并为互联网上所有行为主体（生产者、用户、设备）提供实时互动体验。

3. 多媒体集成化处理与智能化控制

数字创意产业得以高速发展的另一个重要技术基础是多媒体技术（Multimedia Technology）的全面应用。通过多媒体技术和软件工程，人们可以使用计算机对文本、图形、图像、声音、动画、视频等多种媒体信息进行集成化综合处理，并通过软件程序建立逻辑控制关系，实现基于多媒体信息整合展示的人机交互。与传统单纯的报刊、电影、电视、唱片等媒体介质不同，多媒体技术首次实现了所有媒体介质的全数字化存储、加工和传输，并能通过程序控制实现智能化的媒体展示和人机互动。

多媒体技术涉及的相关技术标准非常丰富，如关于图形图像压缩和传输的 JPEG 标准，关于视频压缩和传输的 MPEG 标准，关于交互式多媒体展示的 FLASH 标准，以及其他关于多媒体数据压缩、处理、存储和检索的相关技术标准。多媒体技术全面普及应用的重大意义在于，它彻底消除了传统媒介之间的物理区隔，产生了具备交互能力的整合性媒体内容，并为下一代虚拟现实技术的发展提供了重要的技术基础。

4. 高水平的技术进步与扩散效率

数字创意产业是一个典型的技术推动型产业，建立在信息技术产业的基础之上。因此，数字创意产业的技术进步同样受到著名的“摩尔定律”

---

① 中国互联网络信息中心 . 第 43 次《中国互联网络发展状况统计报告》[R / OL]. [2019-02-28] http://www.cac.gov.cn/2019-02/28/c_1124175677.htm.

的影响，即“当价格不变时，集成电路上可容纳的晶体管数目，约每隔18个月便会增加一倍，性能也将提升一倍”。摩尔定律虽然是以集成电路的发展作为直接表述对象，但它也间接反映了整体信息技术发展的惊人速度。因此，数字创意产业发展所涉及的硬件、软件和通信技术的更新与提升也具有类似的规律，呈现出明显的倍增效应。

另外，数字创意产业具有很高的技术扩散效率与应用水平。当一种新兴的技术被发明出来之后，数字创意产业能够以比传统文化产业快上数倍甚至数十倍的速度将这种技术在产业内进行推广，将新技术更快地投入到实际应用中，并为更新和更前沿的技术发展创造条件。这一特性与信息技术产业的技术扩散状况基本一致。这一方面得益于数字技术、互联网技术本身所具有的高效信息传播能力，另一方面得益于信息技术产业内相对开放的技术发展环境。

二、数字创意产业的经济特征

1. 基于注意力与体验的经济特征

在数字化、网络化的时代，个人拥有的空闲时间是有限的，而吸引人们注意力的信息与内容越来越多，因此个人的时间和注意力成为一种稀缺的资源。在市场经济条件下，消费者的注意力成为一种具有经济价值的商品。在这一情况下，内容的供应可能过剩。注意力而不是注意力的内容，将成为商业价值的源泉。①

数字创意产业具有非常典型的“注意力经济”与“体验经济”的特征。首先，数字创意产业为人们提供的是一种娱乐性体验，而这种体验是吸引消费者注意力、激发使用欲望、创造商业价值的关键。但是在数字化和网络化的时代，消费者的注意力是一种稀缺资源，这意味着普通商品的

① Cowen T. Richard A. Lanham, The Economics of Attention: Style and Substance in the Age of Information［J］. Journal of Bioeconomics, 2007, 31（2）: 167-169.

一次性交付模式不适用于数字创意产业的运行方式。其次，数字技术和网络技术进一步加剧了这种体验的可达性和交互性，使得数字创意产业与一般娱乐产业相比，更加有条件实现消费者的交互式参与和深度体验，这反过来进一步强化了数字创意产业的注意力经济与体验经济特征。

2. 智力资本高度密集

数字创意产业是创意密集、技术密集的新型产业形态。产业发展既需要掌握数字技术、网络技术、多媒体技术、人工智能技术、云计算技术等知识技能的技术型人才，又需要对文化创意、艺术创作有深刻把握的创作型人才，还需要对策划、营销、经营非常熟悉的管理型人才。数字创意产业的发展需要复合型、高智力、高技能型的人才，这是数字创意产业与传统文化产业的主要区别。例如，在多媒体互动软件的创意与开发过程中，除了需要一般的程序设计师、软件工程师以外，还需要多媒体美工、数字音频合成、电脑三维动画创作、多媒体架构师、负责后期集成的多媒体合成人员，以及负责产品策划、营销与运营的经营管理人员。事实上，数字创意产业的这一特性对其人才培养与供给提出了非常高的要求和挑战。

3. 高成长性和高风险性

从整个数字创意产业的发展历史观察，数字创意产业具有较为稳定和持续的高成长性特征。这种高成长性主要来源于两个方面：一是高速网络设施的不断完善和普及，进一步扩大了数字内容产品的应用范围，确保了可用性和可及性，为数字创意产业提供了新的应用创新机会；二是整体用户群体的不断成熟，无论是从计算机和网络操作知识的普及程度、用户对相关产品的接受程度，还是相关终端设备的普及程度来看，数字内容产品的整体用户规模都呈现出一种稳定扩大的态势。这两种趋势确保了整体产业的持续快速成长，也不断吸引着大量的资本、人力资源进入数字创意产业。今天，数字创意产业已经被普遍视为国民经济中最具发展前景的产业之一。

另外，由于数字创意产业具有智力资本密集的特点，因此需要在人力成本、研发成本等方面投入大量的资金。同时，数字创意产业具有一般文化产业所具有的需求不确定性，在其整个价值链环节中，存在大量沉没成本。而且这种沉没成本可能会由于市场条件的不断变化而重复发生。例如，一个特定的动画创意，在其开发过程中，可能会耗费大量的人力和财力，但却很有可能无法获得市场认可。这种高风险性也是导致数字创意产业内小微企业退出率较高的重要原因。为了适应这种市场特性，数字创意产业中的生产者必须不断地追求产品的新奇性，实现产品的差异化。

4. 强融合性与产业带动效应

在数字创意产业中，为了不断地创造和增加价值，必须不断地吸引消费者的注意和参与，并激发其消费的欲望。为了实现这一点，只有通过持续不断地创新才能实现，这就需要不断地对数字内容产品进行迭代开发和后续运营，不断延伸其价值链。在这一原理的作用下，数字内容产品以创意为核心，沿着价值链，不断转换自身内容形态，开辟新的利基市场，实现自身价值的持续增值。从产业的角度进行观察，数字创意产业的诸多子产业之间表现出融合发展的态势。这种基于价值链融合的产业运行方式，是理解数字创意产业运行方式的关键。

当这一价值链延伸超出数字创意产业的范围时，就会对相关产业产生带动效应。在产业实践中，除内部的相关子产业以外，数字创意产业的价值链可向周边延伸至玩具、服装、家具、工艺品、制造业、快速消费品等产业，并在一定程度上与上述产业发生价值链的交叉和融合，提供大量的衍生产品和服务，从而表现出对相关产业的强融合性与带动效应。

5. 垄断竞争型市场结构

根据市场竞争结构理论，产品之间的差异化是决定市场竞争结构的决定性因素，进而决定产品运营的具体模式和营销策略。对数字内容产品而言，由于其在需求上具有体验性、个性化和碎片化的特征，差异性对数字内容产品而言更加重要。这决定了对特定的数字内容产品而言，其需求曲线必然是向右下倾斜的，从而排除了完全竞争的可能。

另外，由于互联网为众多市场主体直接与消费者产生联系提供了平台，使得在实体市场不可能对市场产生影响的小众需求成为有效需求，并能通过互联网表达各种特殊类型的偏好。这意味着在主体市场之外，数字创意产业中还存在大量基于细分需求的利基市场。因此，数字创意产业的市场结构不可能是完全垄断的。就数字创意产业的大多数子产业而言，其市场竞争结构属于垄断竞争的类型。

三、数字创意产业的社会特征

1. 强意识形态性

数字创意产业具有很强的技术型产业特征，但是从根本上讲，数字创意产业是文化产业在高技术条件下的延伸和发展，也反映了特定社会的价值观、生活方式和意识形态。高技术的支撑不但没有削弱数字创意产业的意识形态性，反而增加和扩展了所承载意识形态的强度和广度。西方发达国家数字创意产业凭借其在核心技术和核心创意上的长期积累，借助其在国际话语体系中的相对优势地位，通过产业价值链在全球范围内的扩展，传播西方意识形态及价值观。因此，我国数字创意产业的发展必须坚持以社会主义核心价值观为根本导向，发掘与开发我国丰富的历史文化资源，利用自身的高科技优势加强精品数字内容的建设，促进中华文化在全球范围内的高效传播。

2. 高度细分化的消费群体

数字创意产业是建立在消费者体验基础之上的一种新经济形态。与普通文化产业形态不同，在与数字创意产业相关的社会网络中，个体消费者能够通过基础网络所提供的点对点的实时互动，来有效表达自己的偏好和需求。同时，这种实时交互反过来进一步强化了消费者对数字内容的体验感知。在一定条件下，消费者还能参与数字内容的创意与生产过程。这种交互作用的结果是，消费者群体的偏好表达更加个性化，消费者需求变得更加不稳定，最终导致更加细分化的消费者群体的出现。

在这一趋势的作用下，数字创意产业的消费市场将是高度细分和不断变化的。在数字创意产业中，随着消费需求与消费群体的不断变化，具有不同需求特点的“利基市场”（Niche Market）大量出现。这些利基市场不断地产生和消失，其边界和范围也处于不断的变化过程之中。因此，与普通文化商品相比，数字创意产品的消费群体具有更大的不确定性和不稳定性，也由此带来更大的市场风险，使生产者面临更大的生产经营风险。

3. “生产者—消费者”融合

数字创意产业的运行过程，产生了一个基于互联网平台，包括生产者、消费者在内的融合性社会网络。基础技术平台提供实时、交互性的场景，进一步改变了生产者与消费者群体之间的相互关系。一方面，为适应碎片化和消费者群体分化的需求，在数字内容产品的生产过程中，更强调基于体验的定制化和弹性生产；另一方面，在互动性高的数字产品生产过程中，消费者能参与到产品的生产过程中，生产者与消费者群体之间已经在一定程度上出现了融合现象，这是传统文化产业所不具备的重要社会特征。

第四节　数字创意产业的发展规律

从数字创意产业的发展历程来看，它直接起源于数字技术、互联网技术、多媒体技术的应用与普及，并随着互联网用户规模的稳定增长而获得持续高速发展。近年来，人工智能技术、云计算技术等新兴技术群的大规模应用，更为数字创意产业注入了持续发展的动力。从产业实践来看，数字创意产业的发展有三条主要规律。

一、内容创意与技术创新共同推动产业发展

数字创意产业是文化创意产业与信息技术产业融合发展的产物。从根本上讲，内容创意一直居于数字创意产业发展的核心地位，而技术创新则对数字创意产业的发展起着关键的支撑作用。事实上，在数字创意产业的发展过程中，文化要素与技术要素一直处于一种融合共生、相互促进的状态。技术创新为内容创意提供了新的手段和条件，内容创意为技术创新提供了新的需求和动力。两者共同作用的结果是，不断地为数字创意产业的整体发展注入新的活力，并为消费者不断带来全新的文化体验和消费价值，从而确保整体产业的持续快速发展。从产业实践来看，内容创意与技术创新已经成为数字创意产业发展的两大核心驱动力量。

二、技术进步决定产业形态和演化方向

数字创意产业发展的历史进程表明，技术进步对产业形态与演化方向产生直接影响。例如，互联网的高速发展与大规模普及促进了游戏业由单机游戏向在线互动游戏的转型，并直接导致了相应价值链和盈利模式的根本性变化。4G/5G 无线通信技术的实用化和大规模应用导致了基于移动终端的文化内容应用程序的大规模普及，创造了一个全新的基于移动互联网的文化内容市场，创造了新的商业模式。此外，技术标准对数字创意产业的市场结构也具有非常大的影响。例如，不同多媒体数据格式标准的竞争情况，会直接影响网络流媒体产业内的市场格局。可见，技术进步对数字创意产业的形态与演化具有直接和决定性的影响。

三、多业态融合成为产业发展的重要趋势

数字创意产业包含多种产业形态，如影视、数字音乐、数字出版、动漫游戏、网络文学、网络视频、虚拟现实等子产业。在数字技术和互联网技术的推动和支撑下，上述产业之间能够在创意、平台、消费者等层面实现价值链的融合和价值生产过程的叠加，这是传统文化产业所不具有的一个重要现象。从实践来看，数字创意产业内部的各种产业形态之间，正在逐步打通原本相对封闭的价值链，形成新的产业运行模式，如近年来较为常见的文影联动、影游联动、影视综联动等。多业态的融合发展进一步模糊了数字创意产业内部子产业之间的边界，提高了特定数字内容产品的价值链长度，使数字创意产业的整体发展更加具有活力和内生动力。

第三章　数字创意产业发展的国际比较

在国际上，数字创意产业已经成为推动经济与社会发展的先导产业。在一些国家，数字创意产业已经成为国民经济的重要支柱产业，创造了巨大的经济价值，吸纳了大量就业，推动了经济增长，并成为传播本国文化、提升国家文化软实力的重要载体。按照版权产业的统计口径，可以发现数字创意产业在一些国家的近似发展情况，如表 3–1 所示。

表 3–1　部分国家版权产业增加值占 GDP 的比重①

国家	年份	占比（%）
美国	2014	11.3
英国	2016	5.3
澳大利亚	2016	7.4
加拿大	2016	5.4
韩国	2016	9.9
俄罗斯	2014	6.1
新加坡	2014	6.2

在世界范围内，数字创意产业的发展已经基本形成了北美、西欧、东业三足鼎立的格局。在长期的发展过程中，数字创意产业形成了各具特色的发展模式。以下选取分属三大区域的美国动画产业、英国游戏产业、日本 ACG 产业这三个代表性案例进行分析和比较。

① 数据引用自国家统计局社会科技和文化产业统计司，中宣部文化体制改革和发展办公室．文化及相关产业统计年鉴 2018［M］．北京：中国统计出版社，2018：231，244.

第一节 美国动画产业发展分析

在世界范围内，美国是动画产业发展规模最大、产业体系最完善的国家。美国动画产业建立至今，已有近百年的发展历史。2016 年，美国动漫产业创造的产值占全球动漫产业总产值的比例接近 40%。[①] 在发展过程中，美国动画产业逐渐形成了集投资、制作、发行和衍生品运营于一体的完整产业体系，并在动画创意、制作、技术、艺术和商业运作等方面取得了成功。

一、美国动画产业的基本特征

从技术演进的角度，可以将整个美国动画产业的发展划分为两个阶段：手工绘画发展阶段和计算机动画发展阶段。从时间跨度上看，美国动画产业的手工绘画阶段起步于 1907—1937 年，发展于 1937—1949 年，成熟于 1950—1966 年，其后逐步转入基于计算机动画技术的新发展阶段。1963 年，贝尔实验室的 Ken Knowlton 开发出了一种革命性的编程语言，使用这种语言可以编制能生成计算机绘图和动画序列的特定程序。这标志着一种全新的、全自动化、可定制化、模块化的动画生产方式的出现。以这一发明为起点，20 世纪 60 年代末到 80 年代初，计算机成像技术（CGI）逐步发展和成熟。此后，传统动画产业开始迅速向崭新的产业形态——计算机动画产业转型。

1. 技术特征

（1）计算机成像技术的成熟和应用。计算机成像技术（Computer

① 2020 年国漫有望超过迪士尼，区块链将引爆新节点［EB/OL］. http://www.sohu.com/a/247394583_313880.

Generated Imaging，CGI）是整个现代动画产业的基础。20 世纪 80 年代，计算机得到了大规模的普及和应用。作为计算机科学的重要分支，计算机图形学也日益发展成熟。在这一时期，能完成复杂场景制作的计算机硬件和软件系统也已经产生并实用化。1982 年，迪士尼公司全面应用 CGI 技术制作了动画电影《电脑争霸》。20 世纪 90 年代，计算机动画技术已经在整个动画产业内得到全面应用。1995 年，迪士尼公司和皮克斯动画工作室发布了历史上第一部完全由计算机制作的动画——《玩具总动员》。这标志着计算机动画制作技术的全面成熟。

（2）大规模渲染设备的使用。使用计算机制作三维动画，在硬件上，需要具有超强并行计算能力的大规模计算机集群的支持，以便对三维场景中各种造型的连续动作序列进行精确计算和组合。这种专用于数字动画制作的计算机集群被称为“渲染工厂”。在太平洋光魔公司的技术中心，有超过 2000 个处理器在并行工作，以绘制复杂的场景和动作序列。皮克斯动画工作室专门建造了运行 Render Man 动画软件的超级计算机集群，内部安装了 1024 枚 Intel 高性能处理器，配置了 2TB 的内存和 60TB 的硬盘容量，以满足三维数字动画的制作要求。

2. 经济特征

（1）专业数字动画和视觉特效公司的产生。20 世纪 70 年代开始，计算机动画技术的发展、应用和成熟，直接促进了一批专业公司的产生，这些公司专门从事数字动画和视觉特效的制作。如著名的梦工厂、皮克斯动画工作室、工业光魔公司、太平洋光魔公司。这些公司的盈利模式主要有三种：一是直接制作计算机动画电影，并发行以盈利；二是为普通电影制作公司提供专业化的数字场景和特效制作，如工业光魔为《星球大战》提供计算机场景合成和特效制作，皮克斯使用 RenderMan 软件为电影《侏罗纪公园》制作恐龙模型和动作序列，并对相关场景进行数字化合成等；三是通过自主开发软件的知识产权获得收益，如皮克斯动画工作室拥有全套涉及计算机动画模型制作、动作捕获、灯光控制、制作管理和图像着色的软件系统。

（2）计算机动画产业与传统电影产业产生交融。在专业数字动画公司不断发展壮大的同时，传统电影行业中的各大电影制片公司也开始进入计算机动画产业。如迪士尼、时代华纳、索尼电影娱乐公司、福克斯娱乐集团公司、环球电影公司等，这些公司纷纷投资进行计算机动画电影的制作和发行，或者是在普通真人电影的制作中，大量采用数字合成虚拟场景。

总体来看，推动这一进程的主要动力有两个方面：一是控制生产成本和提高生产效率的内在要求。传统电影公司通过和专业数字动画公司合作进行真人电影的制作，可以极大地降低在布景、实物模型制作和演员方面的成本，从而反过来缩短新片的制作周期，提高影片制作的整体生产率。二是计算机动画电影已经成为一种独立的艺术形式，具有广阔的市场空间和需求，这些也吸引着传统电影公司。

3. 社会特征

（1）从业人员的复合型结构。计算机图形技术从根本上改变了动画产业的技术基础，与传统动画产业相比，产业的从业人员结构也发生了显著变化。传统动画产业主要以艺术创作人员为主，管理主要围绕艺术创作过程的组织和资源分配。而在计算机动画阶段，发生了两个显著变化：一是专业计算机技术人员的加入；二是传统绘图制作人员向计算机软件绘图人员转型。动画产业的人员结构由“艺术＋管理”向“技术＋艺术＋科学＋管理”转型。产业人员构成包括计算机技术人员、艺术家、动画家、科学家、工程师等。

（2）消费群体分化日趋明显。在计算机动画技术得到普及应用的同时，计算机网络也实现了大规模的普及和应用。在这一背景下，计算机动画及其衍生产品的消费群体也出现了细分化趋势，为了满足消费者更加细分化和更高品质的需求，传统电影制作商和专业动画制作公司进一步细化创意制作过程，以便满足更为细分的观众需求。同时，为了追求更高品质的动画制作效果，各大公司也在技术创新和应用方面投入更多的资源。

（3）承载和体现美国文化内核。作为文化产品的一种重要表现形式，美国生产的大量动画产品，集中体现了美国文化内核的关键元素，如自由主义、个人主义、冒险精神，以及乐观、开放、勇敢、合作、幽默等性格元素。[①]例如，最为经典的《白雪公主与七个小矮人》《米老鼠和唐老鸭》《猫和老鼠》等动画作品，都体现出鲜明的美国文化印记。这使得美国动画产业形成了自身鲜明的创作风格和模式，并深刻地影响了动画产业本身的运作方式。

二、美国动画产业发展的基本模式

1. 模式的形成过程

美国动画产业在 100 多年的发展历程中，逐步形成了具有自身特点的动画产业发展运作模式。从整个发展历程来看，技术的演进是推动产业结构和运作模式变化的主要推动力量。从流线分离绘图导致传统动画产业由分散性的小规模竞争向垄断性集中转换，到计算机动画技术的应用导致新兴专业动画技术公司的产生，都充分说明了技术演进对这一产业发展的决定性推动作用。

另外，推动这一模式形成的另一个重要动力是植根于美国社会的文化核心要素，这些核心要素强调市场的自由竞争，鼓励和保护技术创意和艺术创意，并强调和美国流行文化的融合，这些文化要素深刻地影响了美国动画产业的发展，并成为美国动画产业自身的一部分。以下将具体分析这一产业运作模式的主要特点。

① 曲琳 . 浅析美国文化价值观对迪士尼动画的影响［J］. 价值工程，2012（15）: 298–299.

2. 模式的运行实施方式

（1）法律监管下的完全市场化运作。美国文化产业的运作采取以市场竞争为主导的模式。美国没有设置专门的文化产业管理部门。对动画产业的发展，美国政府严格遵循不直接干预产业内竞争的原则，并基于媒体文化领域的法律规定，采取措施维护市场公平竞争环境，从而促进动画产业内的有效竞争。另外，美国政府也十分重视包括动画产品在内的文化产品的出口，为文化产品的出口提供保障。

（2）以娱乐内容为核心的产品制作。美国动画产业的发展，从发展之初就从美国流行文化中汲取创作原料，例如，早期迪士尼公司在进行动画剧本创作时，就十分重视大众的娱乐性需求，并将其融入动画创作中。美国动画产品的制作是以娱乐内容为核心，大多以剧情片为主，剧中人物性格鲜明，语言幽默，情节曲折，引人入胜。[①] 进入计算机动画时代以后，美国动画制作公司充分利用计算机动画技术提供的全新创作手段和创意空间，在编剧阶段就将相关场景特效的使用考虑在内，为观众提供高水平的视觉体验。

（3）以品牌为核心的产品及衍生品运营。美国动画产业运作的另一个重要特点是以品牌为核心进行动画影片和衍生产品的开发。品牌运营的核心是系列动漫卡通形象的设定与打造，并延伸到相关的衍生产业。迪士尼创造的米老鼠动画形象已经成为世界范围内的超级明星，同时也蕴含了巨大的品牌价值，这种价值随着以品牌为核心的衍生品运营而不断增值。最为典型的例子是迪士尼以动漫人物形象为基础，在世界各地建立的主题公园。这些主题公园在为迪士尼创造新利润来源的同时，也促进提升了迪士尼品牌的整体价值。

（4）产业链一体化与国际化运营。美国是高度成熟的市场经济国家，

---

① 曾耀农．美国动画电影的审美内涵［J］．南通大学学报（社会科学版），2012（1）：135-140.

动画产业在这样一个整体市场环境中形成了系统的产业体系，实现了产业链一体化发展。数字动画的创意、制作、代理商销售、电影院线播放、电视节目播放、动漫品牌价值评估和使用收费、衍生产品的开发和运营都被完整地包括在整体产业链中。在这条产业链中，一些大公司可能涵盖整个产业链的全部或大部分环节，如迪士尼集团；但在产业链中也存在大量的专业化公司，这些公司之间既存在紧密的合作关系，也存在充分的竞争关系。另外，美国动画产业十分重视以品牌运作为核心的产业链延伸，实现产业的国际化发展。美国动画产业的国际化运营主要是通过品牌授权和衍生品运营来实现的。

（5）艺术与技术复合型人才的培养和储备。美国动画产业已经发展为真正意义上的计算机动画产业。作为确保产业发展的基础和核心资源，产业内的各类型人才必须在不同程度上掌握艺术与计算机技术的复合知识，才能适应产业发展的要求。在美国，这种复合型人才的培养和储备是通过两种途径来实现的：一是在大学或专业学校中开设专业的计算机动画教育课程；二是由产业公司直接设立或资助相关培训机构进行定向培训。许多计算机动画从业人员都拥有专门的计算机动画学位，一些人还拥有计算机程序设计方面的学士学位。美国的动画教育特别强调与产业实际需求相衔接，侧重于解决计算机动画制作过程中的实际问题。

第二节　英国游戏产业发展分析

在世界范围内，英国是首先提出创意产业概念的国家，并采取了系统的政策措施推动创意产业的发展。英国是与美国和日本并列的世界三大游戏设计中心之一。英国拥有 Eidos、Codemasters、Team 17 等著名游戏公司和开发团队，开发和出品了一大批著名游戏软件产品，如《古墓丽影》

《龙与地下城》《黑与白》《FIFA》等。2018 年，英国游戏产业的总产值达到 38.6 亿英镑，超过同期英国音乐产业和视频产业产值的总和。[①]

一、英国游戏产业的基本特征

英国游戏软件产业的发展始于 20 世纪 80 年代初期，大体上经历了两个比较明显的发展阶段：20 世纪 80 年代初期开始，一些英国游戏开发爱好者使用最初的游戏编程机，开发了最早的一批游戏软件，由此开启了英国游戏产业发展的大好局面。20 世纪 90 年代中期开始，与游戏产业相关的硬件和软件技术出现了一系列显著的变化，特别是新游戏硬件平台和互联网游戏的兴起，推动了整个英国游戏产业的转型升级。

1. 技术特征

（1）新硬件平台的普及化。运行游戏软件的基础硬件平台，主要有家用电脑和专用游戏机两大类型。随着技术的发展，新的游戏软件平台日益成熟，智能手机、平板电脑、智能电视等新硬件平台大范围普及。由于智能手机和智能电视大多采用标准化的操作系统，因此基本上不存在硬件厂商对下游软件开发商的授权问题。此外，传统的专用游戏机硬件平台也完成了由 8 位、16 位到 32 位、64 位的发展升级，为用户提供了更加稳定的性能和更加优质的体验，在整体游戏市场上的份额也更加巩固。

（2）基础硬件平台的多元化。在新技术发展趋势的推动下，英国游戏产业进行了三个方面的调整：一是继续巩固在 PC 硬件平台上开发游戏软件的传统优势；二是针对专用游戏机平台，积极融入其产业链环节，重点是承接基于特定专用游戏机平台的软件外包开发，同时着重把控专用游戏机及其软件的发行环节；三是针对新兴游戏平台的出现，依据不同硬件平

① 数据来自英国娱乐零售协会发布的行业报告，引用自虞北冥，《2018 年英国游戏行业产值达到 38.6 亿英镑》，新浪科技综合，https://tech.sina.com.cn/i/2019-01-08/doc-ihqhqcis4258186.shtml。

台的技术特征，研发相应的游戏软件开发工具包，提高开发效率和新产品的市场投放速度。

2. 经济特征

（1）超级开发商发挥核心作用。随着世界范围内游戏市场规模的不断扩大，国际消费者对游戏产品的品质提出了越来越苛刻的要求。同时，游戏软件开发的周期不断延长，资金需求不断增长，一些大型即时战略游戏的开发往往需要耗费数年时间。为了应对空前复杂的开发挑战，英国一些规模较大的游戏开发工作室通过联合或者并购的方式，发展为雇佣上千名开发人员的“超级开发商”。这将英国游戏产业的整体开发实力提升到了新的水平。

（2）专业游戏发行公司发挥重要作用。随着英国游戏产业的逐步发展和市场规模的不断扩大，游戏产业内出现了专门的游戏发行公司，游戏开发公司不再直接承担与游戏软件出版和市场推广相关的事务。这一分工进一步促进了游戏产业内部的专业化发展，提高了产业整体的运作效率。在后来的发展中，这些专业的游戏发行公司还反过来对游戏开发公司予以资助，对市场发展潜力较大的游戏软件产品的开发予以重点支持。除了代理英国本土生产的游戏，这些发行商还逐步引入海外的优秀游戏软件产品，并逐步向国际化运营迈进。

（3）独立开发工作室大量涌现。随着智能手机和新一代移动通信网络的日益普及，智能手机已经成为一种可实用化的游戏硬件平台和交互游戏平台。更为重要的是，智能手机普遍采用两种标准化的通用操作系统：谷歌的 Android 和苹果的 iOS，软件开发者无须考虑硬件供应商的底层软件授权问题，开发基于通用移动操作系统的游戏应用的门槛大大降低。在这一背景下，出现了大量专业开发移动游戏软件的独立工作室。这些工作室的出现使英国游戏产业的生产结构变得更加灵活和柔性化，更能满足利基市场的特殊需求。

3. 社会特征

（1）消费群体的网络化和国际化。新一代高性能个人计算机、智能手机终端、计算机互联网和移动互联网的高速发展和大规模应用，使游戏软件的消费群体突破了地域和国界的限制。英国游戏开发者顺应这一趋势，将研发重点转向新的计算机网络游戏和手机网络游戏领域，一方面，推出经典游戏的网络版本；另一方面，推出全新的网络互动游戏，取得了良好的市场业绩。在这样的环境下，世界各地的网络游戏消费者，通过互联网和移动互联网，在特定的游戏平台下自发形成了大量虚拟社会组织，这些虚拟社会组织有力地促进和推动了英国游戏产业的国际化和网络化发展。

（2）复合型从业人员结构。随着英国游戏产业规模的不断扩大，游戏软件的开发由最初的1～2名编程人员的个人创造性工作，演变为具有严密组织体系和控制要求的管理流程和体系。游戏软件的开发工作通常包含多个工种的小组，主要包括游戏脚本设计、动画原画绘制、音乐创作、计算机程序编制、计算机动画设计、计算机场景设定等工种。在英国游戏软件的开发团队和过程管理中，体现出非常明显的技术、艺术和管理相融合的特点，这一特性与美国动画产业的情况高度类似，也体现了数字创意产业发展的共同规律。

二、英国游戏产业发展的基本模式

作为英国创意产业中的先导性产业，游戏产业的发展具有十分明显的“创意导向”性质。

1. 模式的形成过程

与美国动画产业的发展相类似，英国游戏产业也呈现出十分明显的技术推动型特征。在产业发展早期，家用电脑的普及促进了游戏软件生产者与消费者群体的出现。在相当长的一段时间内，英国专注于基于标准PC

平台的游戏软件开发，并逐步形成以发行商为核心的产业链结构；20 世纪 90 年代中期以后，以智能手机和智能电视为代表的新硬件平台的出现，又促进了开发模式和产业链结构的显著变化。作为一个基于信息技术，同时高度融合艺术与管理，具有高度创意性的行业，英国游戏产业在其 30 多年的发展历程中，逐步形成了自己特有的运行模式。

2. 模式的运行实施方式

基础硬件平台的开放性或封闭性，对游戏软件产业的运行模式具有根本性影响。基于不同的硬件平台，英国游戏产业形成了 3 种主要的运作模式：一是基于 PC 硬件平台的运作模式；二是基于专用游戏机硬件平台的运作模式；三是基于智能手机和智能电视硬件平台的运作模式。

（1）基于 PC 硬件平台的运作模式。这一模式的基本价值链结构是："开发商—发行商—零售商"。在相当长的一段时间里，这一模式是英国游戏产业发展的主导模式。传统上英国游戏产业更多地专注于家用电脑游戏软件的开发，并获得了市场成功。

在这一模式中，专业化的发行商处于产业运作的中心地位。发行商处理与游戏软件出版、营销、分销和融资相关的业务，并与下游的零售商保持密切的合作关系，来完成游戏软件光碟的市场销售。在这一产业链条中，开发商大多为独立的专业游戏开发工作室，但也有部分开发商为半独立的开发工作室。产业链条的末端是游戏软件光碟的零售渠道，零售商以一定的价格购买发行商提供的特定商品目录中的全部游戏，再根据市场需求情况确定单款游戏的零售价格或组合价格。发行商则可以通过控制批发价格来影响市场零售价格的走势，批发价格往往成为双方谈判的焦点。

（2）基于专用游戏机硬件平台的运行模式。这一运行模式的价值链结构是"外国硬件厂商—开发商—发行商—零售商"。与第一种产业链结构相比，第二种结构最大的特点在于，专用游戏机硬件厂商通过对特定硬件平台及其编程接口的控制，对下游软件开发商和更末端的发行零售渠道具有非常强大的影响力。这种影响力来源于不同硬件平台及其底层软件的互不兼容，与之形成对比的是，在第一种模式下，作为基础硬件平台的 PC 是标准化和通用化的。目前，世界上生产专用游戏机硬件的厂商主要有 3 家跨国公司：微软、索尼和任天堂，它们具有各自的游戏机产品系列。由于技术的不断进步，这些硬件平台会定期进行优化和升级，促使下游游戏软件开发的周期性市场更新。

在这一模式中，硬件厂商和发行商处于产业运作的中心位置。在很多情况下，实力强大的游戏机硬件制造商通过实施下游纵向一体化的策略来控制产业链的大部分环节。事实上，3 家主要的跨国公司都拥有内部的游戏开发工作室和出版发行部门，或者通过控股的方式控制半独立的工作室或发行公司。另外，生产专用游戏机的跨国公司也不排斥完全独立的开发工作室和游戏发行公司。跨国公司通过游戏开发合同的方式，与英国最优秀的独立开发工作室合作，使其开发专用于本公司硬件平台的游戏产品。同时，跨国公司也授权英国的游戏发行公司，在欧洲范围内发行基于自己硬件平台的专用游戏软件。在这一体系中，游戏发行公司必须为售出的每一款游戏机软件向硬件制造商缴纳许可费用。

（3）基于智能手机、平板电脑、智能电视硬件平台的运行模式。这一运行模式的价值链结构是“独立开发商—在线应用程序商店”。新产生的智能手机、平板电脑和智能电视等新硬件平台，普遍采用标准化和通用化的操作系统，如 Android 和 iOS，这就使得基于这类平台的软件开发类似于标准化的个人电脑平台的情况。基于这类平台的游戏开发，完全不用考虑基础硬件制造商对下游产业的控制问题，这使得智能终端设备的游戏开发成为一个低成本进入和鼓励创新的领域。

另外，与 PC 游戏相比，基于智能终端的游戏在发行环节上具有全新的特点。由于 Android 和 iOS 平台都具有自己标准化的在线应用程序商店，因此大部分的移动游戏软件都可以在应用程序商店中实现在线交易与下载。在这一场景中，传统的发行商和零售商被在线交易平台取代。目前，英国游戏产业已经在智能终端游戏领域取得了成功，涌现出一批具有全球竞争力的游戏开发工作室，在行业内处于领先地位。

第三节　日本 ACG 产业发展分析

日本是世界文化产业强国之一。在日本，动画、漫画、游戏产业已经实现了价值链的深度融合，形成了一个被称为 ACG 产业①的整合性产业体系。日本生产的动画、漫画、游戏产品在世界范围内具有很强的影响力。作为日本内容产业②的重要组成部分，ACG 产业在日本整体内容产业的发展中发挥着先导和带动作用。2017 年，日本动画产业的总产值超过 2 兆亿日元。其中，日本国内市场和海外市场对总产值的贡献几乎各占一半。③总体来看，日本 ACG 产业的发展已经非常成熟，形成了完整的产业链结构和完善的市场运营机制。

一、日本 ACG 产业的基本特征

“二战”结束以后，日本动画产业经历了一个从逐步探索到日益成熟的发展过程。20 世纪 90 年代，日本动漫已经发展到了非常成熟的阶段，无论是在画技、配乐、声优、剧情方面，还是在市场运作等方面，都已经达到了世界领先水平。21 世纪以后，消费者的需求更加细分化，同时，新

① ACG 是英文 Animation，Comic，Game 三个单词的首字母合称，其中 Animation 是英语中专门指代日本生产的动画产品的衍生名词，Comic 是指漫画，Game 是指游戏。

② 日本习惯于将“文化产业”称为“内容产业”。

③ 数据来自日本动画协会发布的统计数据，引用自：郭子川．动画产业报告 2018 出炉 产值首破 2 兆亿日元［N/OL］. 日本新华侨报，［2018-12-07］. http://www.sohu.com/a/280313819_100203250.

的制作和传播手段也开始普及，在这样的背景下，日本 ACG 产业进入了以数字技术和互联网传播为主要特征的新发展阶段。

1. 技术特征

（1）优秀的画技。从 20 世纪 50 年代初开始，日本动漫产业界就将动画画技视为创作优秀产品的基础，并将这一传统保持至今。1958 年，东映动画公司制作了日本第一部彩色动画片《白蛇传》。虽然这部动画电影制作于 20 世纪 50 年代末期，但在制作水准上仍然达到了较高水平，在日本国内外获得了不错的反响和评价。1963 年，手冢治虫第一次将电影拍摄中的一些技术手法应用于动画制作中，创作了日本第一部电视动画剧集《铁臂阿童木》。该剧集不仅在商业上取得了巨大成功，而且在技术上取得了里程碑式的突破。1982 年，视点快速移动技术被应用于《超时空要塞》的原画绘制中，其后制作的《超音战士》又进一步创新应用了视觉残留渐进底片技术，从而使动画片呈现出超越电影的动感效果。1985 年，宫崎骏创立了著名的吉卜力工作室，又将日本动画画技提升到一个新的高度，在其代表作品《风之谷》和《天空之城》中，对画面的写实精致细腻，给观众以超越现实的美感。

（2）高水准的动漫音乐制作。日本动漫产业界对动画作品的主题曲和配乐十分重视，认为音乐在动画作品中起着至关重要的作用。在日本，动漫音乐的制作是十分严肃和专业化的，动画制作公司通常会聘请当红歌星或专业歌手演唱动画作品的主题曲，并由专业的音乐工作室进行后期制作和合成。1984 年，《超时空要塞》的主题曲《爱还记得吗》的唱片销售量突破了 50 万张。《灌篮高手》的片头曲《只注视着你》，由大黑摩季演唱的片尾曲《只喜欢你》，以及由日本歌手仓木麻衣演唱的《名侦探柯南》的片尾曲都达到了非常高的制作水平，并取得了良好的市场反响。

（3）2D 动画向 3D 动画的转型。从 20 世纪 90 年代中期开始，数字技术开始应用于日本动画产业的制作流程。值得注意的是，基于计算机图形学技术而开发的动画制作软件的功能越来越完善。这从根本上改变了动画的制作方式，如原画的绘制在二维动画的制作中具有非常重要的基础性地位。但在基于电脑软件的三维动画制作中，其重要性大大降低。这一变革还直接影响到动画产业内的专业分工和制作组织方式。不过，与纸质漫画具有深厚联系的日本动画产业，还是对二维动漫的前景保持高度乐观的态度。但在美国制作的三维动画大片的示范效应下，日本动画产业也开始逐步向三维动画转型。

2. 经济特征

（1）动漫与游戏产业实现高度融合。与前文分析过的英国游戏产业类似，日本游戏产业也起步于廉价家用电脑大规模普及的 20 世纪 80 年代初期。日本是仅次于美国的世界第二大游戏产业强国，其游戏产业在整个产业链环节都占有优势地位：在专用游戏硬件平台方面，索尼和任天堂是排名第一和第二的巨型企业；在游戏软件开发方面，日本借助于丰富的动漫内容资源，拥有独特的竞争优势。与世界其他文化产业强国相比，日本游戏产业有一个非常明显的特征，即与动漫产业的相互交叉和高度融合。这种融合起步于 20 世纪 80 年代中后期，到 90 年代后期基本完成。在日本，大家普遍将动画、漫画和电子游戏视为一个产业整体，日本将这一产业称为 ACG 产业。

（2）价值链的双向增值特征。一个值得注意的现象是，日本 ACG 产业在其价值链延展过程中，特定的文化内容不断地以新的产品形态而取得价值的增值，不同价值链阶段的产品能为消费者带来不同的文化娱乐消费体验，价值链各环节的产品相互间也具有正向的品牌增强效应。总体来看，ACG 产业的价值增值不仅发生在上游至下游的单向过程中，还发生在下游至上游的反向过程中。更为准确地说，这种价值增值是双向的。需要指出的是，在许多普通工业品和消费品行业，并不具备这种双向价值增值能力。

（3）产业空间的高度集中。日本动漫产业在空间分布上呈现出高度的集中化趋势。2011 年，日本共有 419 家动画制作公司，其中，365 家集中在东京，占动画公司总数的 87.1%。[①] 在东京大都市圈内，又有约 40% 的动漫企业集中在练马区和杉并区两个次级行政区域内。例如，著名的东映动画、手冢治虫创建的 Mushi Production 都位于练马区。除上述两个区域外，东京的其他行政区也分布着大量动漫企业。[②] 这种高度集中与日本 ACG 产业的发展历史有关。历史上，日本动漫产业的发展最早起步于出版产业，而东京一直是日本出版产业的中心，在后来动漫产业依托电视普及而得到大发展的过程中，动漫价值链的延伸也主要得益于相关产业在东京的良好基础。

（4）声优产业的形成。“声优”在日语中是配音演员的意思。声优最早是动画电影和动画电视剧集制作过程中的一个专业化职位。在日本动漫消费全民化过程中，一些优秀动画片的声优开始从事与动画相关的演艺活动，在这一过程中，声优被逐步偶像化，被逐步赋予与影视明星相同的娱乐符号功能。1982 年《超时空要塞》的巨大成功，标志着声优偶像化的开始和声优作为一个独立产业的形成。声优产业的盈利方式从基本的动画影视配音，发展为演唱会、访谈、广告等“明星经济”中的常见盈利模式。

3. 社会特征

（1）体现日本民族文化元素。在日本动漫作品中，许多日本民族特有的文化元素渗透其中，并得到了充分的表达和体现。例如，非常典型的“物哀”情结，是日本民族性的一个重要特征，代表着对自然界、人生和万物变化的深层次思考和敬畏。[③] 这种情结体现在许多动漫游戏作品的人物和剧情设定中。再如，日本传统文化存在将意志作用无限夸大的倾向，这

① 熊澄宇. 世界文化产业研究［M］. 北京：清华大学出版社，2012：172.

②③ 褚劲风. 东京动漫产业集聚空间组织与空间优化研究［J］. 世界经济研究，2009（6）：74-79.

种文化倾向在许多科幻和神话类动漫作品中也得到了充分体现，如《机动战士高达》《圣斗士星矢》中关于永不放弃和意志战胜一切的描写。

（2）消费者长期偏好的形成。由于 ACG 产业具有价值链双向增值的特殊性质，这在客观上形成了消费者对 ACG 产品的长期偏好，进而几乎无限地延长了 ACG 产品的消费周期和收益周期。著名的《哆啦 A 梦》最早于 1970 年在小学馆创办的学习杂志上进行连载，之后，先后被改编为电视动画剧集、OVA 动画、游戏软件，哆啦 A 梦的形象还通过版权授权被大量用于相关衍生产品的开发。许多当年的儿童现在已经是 50 岁左右的人，但他们中的许多人仍然在购买相关产品。这意味着这部创作于 1970 年的动漫作品，至今仍然为许多消费者所喜爱，仍然在为小学馆创造收益。

（3）虚拟明星的出现。20 世纪 80 年代，日本出现了动漫人物偶像化的现象，如电视动画剧集《超时空要塞》中，有一个设定为流行歌坛巨星的虚拟角色——林明美，随着该动画剧集的热播，林明美和其演唱的主题曲《爱还记得吗》也迅速流行，林明美这一虚拟角色甚至常常被当作真实存在的人物。21 世纪以后，日本 ACG 产业开始有意识地打造虚拟明星，并进行宣传推广。例如 CRYPTON 公司开发了计算机语音合成系统 VOCALOID，并基于这一系统创造了虚拟动漫人物“初音未来”，该虚拟角色由声优藤田咲提供原声，形象被设定为 16 岁的清纯可爱的少女。虚拟明星的出现是日本 ACG 产业发展历史上具有重大意义的事件，标志着技术、艺术、商业的一种全新结合模式。

（4）动漫消费的全民化。在日本 ACG 产业发展和日趋成熟的过程中，出现了动漫消费全民化的现象，即动漫作品跨越了社会各阶层、各年龄段，成为被整个日本社会接受和喜爱的文化消费产品。在日本，动漫是一种“全年龄段”的文化消费品。日本动漫消费的全民化出现过三次高潮。第一次是 1974 年《宇宙战舰大和号》动画剧集的放映，第二次是 1979 年《机动战士高达》系列的空前成功，第三次是 1995 年《新世纪 EVANGELION》的上映。这三部突破性的电视动画剧集，将日本动漫的制作水平推向了前所未有的高度，也培养了日本观众的动漫欣赏习惯，并由此推动了稳定的动漫受众群体的形成。通过三次大规模的社会化，日本动漫产业完成了自身稳定受众群体的建立和不同代际人群之间的偏好传递，为 ACG 产业的长远发展打下了坚实的基础。

二、日本 ACG 产业发展的基本模式

日本 ACG 产业的最大特点就是动画、游戏和漫画产业之间通过价值链的相互交融，实现了高度的一体化。

1. 模式的形成过程

日本 ACG 产业的形成大体上经历了两个阶段：一是动画和漫画产业的融合；二是动漫产业与游戏产业的融合。动画与漫画的融合开始于 20 世纪 50 年代末期，完成于 60 年代中后期，直接的推动力量是电视在家庭中的大规模普及，以及由此引发的漫画改编和电视动画剧集的大量出现。动漫与游戏的融合开始于 20 世纪 80 年代中期，完成于 90 年代初期，直接推动力量是家用电脑的大规模普及，使大量动漫被改编为电脑游戏和基于专用游戏机的软件。目前，由于互联网和智能移动终端的大规模普及，动漫、游戏开始直接向上述两个平台转移，三大产业各自的价值链环节融为一体。

2. 模式的运行实施方式

（1）双层次市场运作方式。在整合的 ACG 价值链中，日本 ACG 产业通过两个层次的市场运作来实现价值的不断增值，即“初次运作—二次运作”的市场运作体系。初次运作市场包括：电视动漫播出市场、影院动漫公映市场、OVA 市场；二次运作市场包括：电视录像市场、动漫二次播出

市场、视屏订阅市场、商品化市场、音乐市场、海外市场。[①] 从 ACG 完整产业链条的角度来看，游戏产品应归属于二次运作市场范畴，这是因为大多数游戏的创作题材都来自在市场上较为成功的动漫作品，可以将游戏视为加入互动性体验的动漫产业链的延伸。

初次运作市场实际上是漫画产业链向动画产业链延伸的结果，成功的漫画作品在经过改编成为动画后，在电视、电影或 OVA 市场进行发行，就形成了初次运作市场。在初次运作的基础上，部分电视动画剧集经过一定修改发行录像带版本，通过视频网站收取下载费用，发行动漫音乐专辑的，在海外上映，以及根据成功动漫的内容而设计创作新的系列游戏产品等，形成 ACG 产业运作的二次市场，进一步实现价值的持续增值。

（2）自发性的市场试错和反馈机制。大多数日本动画的制作都来源于已在市场上取得成功的漫画作品，而游戏产品的制作更是基于已在市场上取得成功的动漫作品，这实际上形成了一种自发性的市场试错和反馈机制。漫画的总体制作和发行成本远远低于动画和游戏的制作成本，通过在漫画市场的初次筛选，只有经过市场检验的作品才有可能吸引投资方和制作方对其进行改编，创作新的动画和游戏产品。

这种产业运行方式避免了从一开始就投入大量的资源进行高成本的动画或游戏制作，降低了市场风险。当然，这种价值链衔接结构并不排斥直接创作全新的动画或游戏作品，但总体来看，选择已经得到消费者认可的题材进行再创作，是日本 ACG 产业运作的主要模式。可以认为，这种试错机制是确保日本 ACG 产业获得长期成功的重要基础和保障。

（3）完善高效的生产体系。日本 ACG 产业的运作模式拥有完善高效的生产体系，这一体系具有三个方面的重要导向，即娱乐性、经济性和高

① 增田弘道 . 日本动漫产业的商业运作模式［M］. 北京：龙门书局，2012：34，62.

生产率。[1]

娱乐性导向：日本动漫的制作特别强调作品的娱乐性，认为娱乐性是保证动漫作品获得市场成功的最根本保障。在产业链的最初阶段，漫画作品之间就存在着娱乐性的竞争，娱乐性的高低主要取决于故事情节、人物角色设定和绘图质量等要素。其中，故事情节又是最为核心的决定要素，日本漫画作品一直以跌宕起伏、引人入胜的故事情节见长。

经济性导向：依据一定的漫画题材，进行动画作品的制作需要大量的人力、时间和资金成本投入。但是为了使制作的动漫顺利地在电视上播放，动漫制作商通常会以较低的价格向播出商提供片源，这一价格通常低于其制作成本，相关成本缺口主要由后期的二次市场运作来进行弥补。与此相应，日本动画制作商在实践中逐步建立了动画制作的“低预算制作体系”。[2] 这一机制使得日本动画作品能够以较低的初次价格迅速打开国内和国际市场，实现动画的大规模批量化生产。

高生产率导向：为了尽量降低动画作品在初次运作市场所承担的成本回收风险，日本动画制作商尽可能地提高生产率。为了实现这一目标，就必须在可接受的范围内有效降低每秒钟动画所需的原画数量。日本动画制作者在长期的制作实践中，摸索出了一整套行之有效的制作方法，如三画格摄影、静止画面、移动赛璐珞、反复、部分、对口形、兼用和短镜头等。[3]

（4）多元化的资金筹措机制。在尽量降低生产成本，提高制作效率的同时，日本 ACG 产业还拥有一套完整的多元化资金筹措机制。

传统的筹资方式：在电视动画剧集的制作中，资金主要来自制作公司自筹、电视台支付的委托制作费和代理店支付的制作补贴三种渠道；在

① 增田弘道．日本动漫产业的商业运作模式［M］．北京：龙门书局，2012：128.
② 增田弘道．日本动漫产业的商业运作模式［M］．北京：龙门书局，2012：133.
③ 增田弘道．日本动漫产业的商业运作模式［M］．北京：龙门书局，2012：136.

OVA 动画的制作中，主要采取录像制造商自筹资金、动漫制作公司承担部分成本的方式。

制作委员会方式：由来自投资方、制作方和播映方的公司共同组成制作委员会，共同投资于某部动漫作品，并共同享有相关的著作权利。① 这种方式可以有效降低动漫制作在初次市场上的成本风险，在多家制作公司同时参与的情况下，还能发挥取长补短的协同优势，提高动漫作品的竞争力。

内容基金方式：为制作某部动画作品而设立专门的信托基金，以作品的著作权作为担保，将收益权出售给普通机构和个人投资者。这种筹资方式进一步扩大了动漫制作的筹资渠道，为动漫制作提供了新的资金来源。

第四节　国际数字创意产业发展的比较及启示

美国、英国和日本是世界三大数字创意产业强国，动画产业、游戏产业和 ACG 产业分别是三国数字创意产业中较具代表性的优势产业，代表着各自领域的世界先进水平，也基本上能代表各自所在区域的最高发展水平。

一、国际数字创意产业发展的比较分析

以下从技术、经济和社会三个维度对美、英、日三国的数字创意代表性产业进行比较分析。

1. 技术维度比较

在数字创意产业的发展过程中，技术的演变对产业发展往往起着至关

① 增田弘道．日本动漫产业的商业运作模式［M］．北京：龙门书局，2012：123.

重要的作用。以下主要从技术现状和技术发展趋势两个方面进行技术维度比较分析，如表3–2所示。

表3–2 美国、英国和日本数字创意代表性产业的技术维度比较

	技术现状	技术发展趋势
美国动画产业	全数字化的3D动画制作，拥有专业的计算机图形处理器集群和功能完善的制作软件，对人物、场景、动作的仿真性和流畅性已经达到相当成熟的程度	3D动画和特效制作技术进一步趋于完善，硬件方面向超大规模图形图像处理阵列发展，软件方面向具有更加强大的计算机图形图像处理软件升级，虚拟现实将成为产业技术发展的主要方向
英国游戏产业	游戏软件的开发主要基于开放式的PC硬件平台和移动操作系统，同时基于国际主要游戏机平台的定制游戏开发也达到成熟水平，游戏软件开发技术居于世界领先水平	积极发展基于新硬件平台的游戏软件开发技术和管理流程，在这方面已在世界范围内取得领先地位
日本ACG产业	2D原画的绘制已经达到很高水平，同时，动漫音乐的制作达到世界领先水平；2D动画的制作已全面采用计算机软件进行辅助；在游戏产业方面，已掌握游戏机硬件平台的主要技术标准	正在由2D制作技术向3D制作转化，作为一种过渡路径，日本动画产业界提出了“2.5D”的动画制作技术和方法

2. 经济维度比较

主要从产业结构演进的推动力量、产业链特点、产业链结构和产业链演变四个方面进行经济维度比较分析，如表3–3所示。

表3–3 美国、英国和日本数字创意代表性产业的经济维度比较

	产业结构演进的推动力量	产业链特点	产业链结构	产业链演变
美国动画产业	技术演进促进制作手段和传播手段的变化	动画与电影产业关系密切，动画产业与漫画产业、游戏产业之间相对独立，形成了独立的数字动画和视觉特效产业	专业数字动画（特效）企业—电影制作（发行）企业—电影院线—衍生品运作	大型电影公司、娱乐集团深度介入动画产业

续表

	产业结构演进的推动力量	产业链特点	产业链结构	产业链演变
英国游戏产业	技术演进促进制作手段和传播手段的变化	动画与电影产业相对分离，内部产业链依据基础硬件平台的不同，主要区分为专用游戏机、家用 PC、智能移动终端三类产业链结构；第一类受上游硬件厂商影响较大，后两类基于开放平台，更容易形成独立产业体系	游戏开发商（工作室）—游戏发行商—应用商店（零售商）—衍生品运作	上游硬件厂商对下游实行纵向一体化；游戏发行商对上游工作室实行后向一体化；独立（内部）游戏工作室兴起
日本 ACG 产业	技术演进促进制作手段和传播手段的变化	在发展过程中，漫画与动画产业逐步实现高度融合，在数字技术兴起后，游戏产业与动漫产业的产业链实现交融，实现一体化，形成统一的 ACG 产业	漫画出版—动画制作—电视台（电影、OVA）市场—游戏开发—衍生品运作	大型金融、工业商社对 ACG 产业深层次介入

3. 社会维度比较

主要从文化内核、消费群体特征和生产群体特征三个方面进行社会维度比较分析，如表 3–4 所示。

表 3–4 美国、英国和日本数字创意代表性产业的社会维度比较

	文化内核	消费群体特征	生产群体特征
美国动画产业	体现美国文化内核的关键元素，如个人主义、冒险精神，以及乐观、开放、勇敢等性格特征	动画产品消费成为美国整体流行文化的一部分；在进入互联网时代后消费群体出现了细分化的趋势	美国动画产业已经发展为完全基于计算机图形技术的技术型产业。生产群体呈现出技术艺术高度融合的特征
英国游戏产业	对英国民族性的体现不明显，由于网络化和国际化的影响，其游戏作品更注重反映多元化的文化价值倾向，但西方价值观仍占主导地位	在互联网大规模普及的推动下，英国游戏产业大力发展基于互联网和移动互联网的游戏软件产品，消费群体也由此逐步实现了网络化和国际化	相较于动画产业而言，游戏产业直接基于计算机技术，更具有技术、艺术一体化的特征。在这一背景下，英国游戏产业的从业人员结构也体现出明显的技术、艺术和管理高度融合的特点

续表

	文化内核	消费群体特征	生产群体特征
日本ACG产业	日本民族文化元素渗透在动漫游戏作品中	先后出现过三次大规模的动漫消费全民化浪潮，建立了稳定的社会消费群体，实现了消费偏好的代际传递	艺术家群体占据生产者群体的主导地位，出现了以动漫游戏题材为基础的虚拟明星现象

二、国际数字创意产业发展的启示

对美国、英国、日本三国数字创意代表性产业的分析表明，推动我国数字创意产业发展应重点关注作品质量、全产业链运营、财政金融支持体系、人才培养、知识产权保护五个方面的问题。

1. 作品质量是数字创意产业发展的基础和核心

从数字创意产业发展先进国家的经验来看，高水准的数字内容创意与制作质量是所有国家共同具有的一个特点。这些国家的数字创意代表性作品表现出了极具想象力的创意，引人入胜的情节设定，引起共鸣的情感表达，近乎完美的手绘场景，逼真、细腻、精致的人物造型与视觉特效等特点。这些都说明了作品质量是这些国家数字创意产业取得成功的基础和关键。

2. 全产业链运营是数字创意产业发展的基本方式

美、英、日三国数字创意产业的运作模式有一个共同点，即建立了完整的产业链，产业链的上下游之间具有紧密的协作与配合关系。在美国，以巨型跨国企业为中心，构建了全球范围的完整产业链体系；在英国，以发行商为核心实现了前向一体化，形成了大型游戏软件公司，极大地增强了产业抵御市场风险的能力；在日本，漫画、动画和游戏产业通过产业链的相互交融，达到了更高层次的产业一体化，形成了整合性的ACG产业。全产业链运营有效延长了产品生命周期，实现了产业链上的双向价值增值。例如，对日本动漫产业而言，双向价值增值是保证其长期发展和保持活力的根本性机制。

3. 完善的投融资支持体系是数字创意产业发展的基础性保障

数字创意产业的发展伴随着很大的市场不确定性和高风险性。在发达国家，政府设立专门的政府基金，出台融资优惠政策促进产业发展。例如，日本的制作委员会由政府主导，组织金融机构、行业内企业和相关上下游企业共同参与数字内容产品的生产，共同承担风险，共同享有收益，有效降低了产业风险。发达国家通过政府种子基金、完善的金融市场、投融资工具创新、纵向一体化、跨行业投资和兼并、制作委员会等方式降低了风险，为数字创意产业的发展提供了充裕的资金来源。

4. 人才培养体系是数字创意产业发展的关键性保障

数字创意产业人才具有高度专业化、高技能、复合型等特点，主要涉及策划管理、艺术创作、软硬件开发、营销运营、技术支撑等岗位类别，要求从业人员兼具艺术、技术、管理的综合素养与技能。在发达国家，普遍形成了较为完整的数字创意人才培养体系，如美国的大学教育与职业技能培训学校形成了一个互补的培养体系，强调计算机技术与艺术创作能力的贯通性培养。英国和日本也形成了具有自身特色的人才培养体系。这些培养体系都强调人才培养与产业发展实际需求的衔接性，强调课程培养体系与产业发展最新趋势的相关性。

5. 知识产权保护体系是数字创意产业发展的根本性保障

数字创意产业发达的国家都非常重视知识产权的保护工作。例如，在美国，下载未经授权的游戏软件产品可能会带来非常严重的法律后果；英国政府也非常重视打击侵权盗版行为，并与行业组织密切合作，追踪和处罚违规的相关组织和个人；日本政府将知识产权保护上升为国家战略，通过制定专门的法律和行动计划来推进知识产权保护工作。建立完善的知识产权保护体系，对于激发创意主体的创造力、推动数字创意产业快速发展至关重要。

第四章　我国数字创意产业发展的总体分析

2016 年 12 月，国务院发布的《“十三五”国家战略性新兴产业发展规划》（以下简称《规划》）提出了我国数字创意产业的近期发展目标，即“到 2020 年，形成文化引领、技术先进、链条完整的数字创意产业发展格局，相关行业产值规模达到 8 万亿元”。这一目标既指出了我国数字创意产业发展在产业结构和特性方面的定性要求，又明确了产业发展在规模方面的定量要求。

《规划》提出了数字创意产业四个重点发展领域：第一，重点提升我国数字文化创意技术与装备制造水平，这是我国数字创意产业发展的技术支撑和基础。第二，提升我国数字创意内容质量，丰富数字创意内容形式。这是我国数字创意产业发展的核心环节。第三，提升我国创意设计整体水平。这是我国数字创意产业发展向周边产业融合的中介环节。第四，促进数字创意产业与相关产业融合发展。这是我国数字创意产业发挥正向外部性，优化和提升产业结构的重要路径。为了支撑这四个重点方向的发展，《规划》进一步提出了建设三大重点工程：一是数字文化创意技术装备创新提升工程；二是数字内容创新发展工程；三是创新设计发展工程。[①]

2017 年 3 月发布的《战略性新兴产业重点产品和服务指导目录（2016 版）》（以下简称《目录》），又进一步从微观层面明确了数字创意产业的

① 资料来源：《“十三五”国家战略性新兴产业发展规划》。

产品与服务的三大重点领域，即数字文化创意、设计服务、数字创意与相关产业融合应用服务。《规划》和《目录》为我国数字创意产业的发展指明了方向和路径。

第一节　我国数字创意产业发展的基本情况

我国数字创意产业的发展主要依赖于文化产业与数字经济两个方面的支撑和推动。一方面，文化产业是数字创意产业发展的基础；另一方面，基于互联网的数字经济是数字创意产业发展的技术与经济载体。

一、我国文化产业发展的基本情况

据统计，我国文化及相关产业增加值已由 2004 年的 3440 亿元增长到 2017 年的 34722 亿元，占 GDP 的比例由 2004 年的 2.13% 增加到 2017 年的 4.2%。其中，文化制造业增加值达 12094 亿元，占比 34.8%；文化批发和零售业增加值达 3328 亿元，占比 9.6%；文化服务业增加值达 19300 亿元，占比 55.6%。[①]

按照《文化及相关产业分类（2018）》新标准进行统计，2018 年 1—12 月，全国规模以上文化及相关产业企业营业收入达 89257 亿元，同比增长 8.2%。其中，文化制造业营业收入达 38074 亿元，同比增长 4%；文化批发和零售业营业收入达 16728 亿元，同比增长 4.5%；文化服务业营业收入达 34454 亿元，同比增长 15.4%。[②] 具体产业数据如表 4–1 所示。

① 数据来源：国家统计局社会科技和文化产业统计司，中宣部文化体制改革和发展办公室．文化及相关产业统计年鉴 2018［M］．北京：中国统计出版社，2018：34.

② 数据来源：国家统计局．2018 年全国规模以上文化及相关产业企业营业收入增长 8.2%［EB/OL］．［2019–01–31］. http://www.stats.gov.cn/tjsj/zxfb/201901/t20190131_1647735.html.

表 4–1　2018 年全国规模以上文化及相关产业企业营业收入情况[①]

细分产业	营业收入（亿元）	占比（%）	比上年增长（%）
新闻信息服务	8099	9.07	24.0
内容创作生产	18239	20.43	8.1
创意设计服务	11069	12.40	16.5
文化传播渠道	10193	11.42	12.0
文化投资运营	412	0.46	–0.2
文化娱乐休闲服务	1489	1.67	–1.9
文化辅助生产和中介服务	15094	16.91	6.6
文化装备生产	8378	9.40	0.2
文化消费终端生产	16284	18.24	1.9
总计	89257	100.00	8.2

按地区分析，我国东、中、西、东北地区规模以上文化及相关产业企业营业收入分别为 68688 亿元、12008 亿元、7618 亿元、943 亿元，分别占全国总收入的 77%、13.4%、8.5%、1.1%。[②] 从数据来看，东部地区文化产业发展明显领先于中部、西部地区。

二、我国数字经济发展的基本情况

在数字经济发展方面，2018 年，我国数字经济规模达 31.3 万亿元，占 GDP 的比重为 34.8%。我国创新指数在全球的排名上升至第 17 位。主要信息化发展指标完成情况良好，部分指标已提前完成 2020 年的目标。[③] 具体情况如表 4–2 所示。

①②　国家统计局．2018 年全国规模以上文化及相关产业企业营业收入增长 8.2%［EB/OL］．［2019–01–31］．http://www.stats.gov.cn/tjsj/zxfb/201901/t20190131_1647735.html.

③　国家互联网信息办公室．数字中国建设发展报告（2018 年）［EB/OL］．［2019–05–08］．http://www.e–gov.org.cn/article–169093.html.

表 4-2　2018 年我国信息化发展主要指标完成情况 ①

指标	2020 年 目标	2018 年 完成情况	同比增速 （%）
光纤用户占总宽带用户的比率（%）	80.0	90.4	6.1
固定宽带家庭普及率（%）	70.0	86.1	14.1
移动宽带用户普及率（%）	85.0	93.6	23.6
贫困村宽带网络覆盖率（%）	90.0	97.0	7.0
互联网国际出口带宽（Tbps）	20.0	7.1	1.4
国内信息技术发明专利授权数（万件）	15.3	18.5	10.8
IT 项目投资占全社会固定资产投资总额的比例（%）	5.0	3.3	0.2

截至 2018 年底，我国互联网用户总人数达 8.29 亿人，互联网普及率达 59.6%。同时，随着国家“宽带乡村”战略的持续推进，我国农村地区互联网用户规模达 2.22 亿人，互联网普及率达 38.4%。其中，手机网民总人数达 8.17 亿人。上网终端主要有手机、台式电脑、笔记本电脑、智能电视，使用比例分别为 98.6%、48%、35.9%、31.1%。近年来，我国涌现出百度、腾讯、阿里巴巴、网易等一批具有国际竞争力和较大市场影响的互联网企业。

在数字创意产业涉及的几种主要互联网应用中，网络文学、网络视频、网络音乐、网络游戏用户总人数分别达 4.32 亿人、6.12 亿人、5.76 亿人、4.48 亿人，用户使用率分别为 52.1%、73.9%、69.5%、58.4%。此外，短视频用户总人数达到 6.48 亿人，用户使用率达 78.2%，② 如表 4-3 所示。我国网民总体规模的稳定增长和文化类应用软件用户群体规模的持续扩大，为我国数字创意产业的发展提供了良好的基础条件。

① 国家互联网信息办公室 . 数字中国建设发展报告（2018 年）[EB/OL] . [2019-05-08] . http://www.e-gov.org.cn/article-169093.html.

② 中国互联网络信息中心 . 第 43 次《中国互联网络状况统计报告》[R/OL] . [2019-02-28] . http://www.cac.gov.cn/2019-02/28/c_1124175677.htm.

表 4-3　数字创意产业相关互联网应用的用户规模与使用情况 ①

应用	用户规模（万）	网民使用率（%）	较 2017 年底增长率（%）
搜索引擎	68132	82.20	6.50
网络新闻	67473	81.40	4.30
网络视频	61201	73.90	5.70
网络音乐	57560	69.50	5.00
网络游戏	48384	58.40	9.60
网络文学	43201	52.10	14.40
网络直播	39676	47.90	-6
短视频	64798	78.20	—

注：网络直播包括真人秀、演唱会、游戏、体育直播。

在以上互联网应用中，即时通信、搜索引擎、社交应用是支撑数字创意产业发展的重要基础性应用软件。它们是互联网上重要的流量汇集中心、内容分发中心和商业应用入口。近年来，即时通信产品通过叠加小程序大大拓展了基本的通信功能，逐步成为 O2O 闭环的重要中介环节。同时，垂直 APP、信息流广告的发展，也进一步拓展和丰富了搜索引擎产品的类型、功能和商业模式。主要社交应用平台，包括微信朋友圈、QQ 空间和微博，逐渐成为重要的互联网内容变现途径。

三、我国数字创意产业发展的有利条件

在文化产业和数字经济发展的基础上，我国数字创意产业的发展经历了从多产业各自独立发展到逐步融合，再到形成内部有机联系产业体系的发展过程。21 世纪第二个十年以来，我国数字创意产业的主要细分行业开始出现了融合共生发展的趋势。2011—2018 年，腾讯公司先后提出了 IP、泛娱乐、新文创的概念，较为准确地把握了产业联动的核心中介、产业群的整体融合、从娱乐导向到内容价值提升的产业发展逻辑。这是对数字创

① 中国互联网络信息中心．第 43 次《中国互联网络状况统计报告》[R/OL]．[2019-02-28]．http://www.cac.gov.cn/2019-02/28/c_1124175677.htm.

意产业近几年发展趋势在管理和运营层面上的回应与总结。

当前，大力推动数字创意产业发展，已经成为深入推进我国文化领域供给侧结构性改革，加快推动我国文化产业转型升级的关键举措。总体来看，具备三个方面的有利条件：第一，我国数字经济持续高速发展，互联网用户规模已居世界首位，为数字创意产业的发展提供了用户基础与市场容量；第二，我国具有极为丰富的历史文化资源，这为数字创意产业的发展提供了丰富的创意来源与创作素材；第三，我国具有完善的信息产业体系，为数字创意产业的发展提供了坚实的技术装备基础。

第二节　我国数字创意产业发展的基本特征

我国数字创意产业的形成与发展，主要源于文化产业与信息技术产业的融合发展与推动。因此，要全面把握我国数字创意产业发展的基本特征，需要从多个维度进行综合分析，主要维度包括技术、经济和社会三个方面。

一、技术特征

1. 新兴技术群对产业发展产生深刻影响

5G、人工智能、大数据、云计算、虚拟现实、增强现实、区块链构成的新兴技术群，对我国数字创意产业的发展形成了强有力的支撑。数字创意产业作为信息技术产业与文化产业融合发展形成的新型产业，对信息技术领域的新技术变革尤为敏感。5G 技术的发展将极大地扩展在线高清视频、虚拟现实在线影像、虚拟现实在线游戏的应用范围；人工智能、虚拟现实技术的结合将有效提升网络游戏的用户体验，促进电影产业与游戏产业在基础技术、用户体验、运营模式等层次上的融合。区块链技术能有效解决数字内容的版权保护问题，能从根本上改变当前以平台为中心的产业运营模式。

2. 网络接入条件得到改善

“宽带中国”战略实施取得重大成效，固定互联网接入范围持续扩大，尤其是针对农村地区的“最后一公里”互联网接入问题得到明显改善。在移动互联网方面，在4G网络大范围普及的情况下，5G网络快速部署，将在未来数年覆盖全国主要城市。同时，在中央政府的直接推动下，手机流量资费大幅下降，各大运营商先后取消跨省漫游费用，用户接入移动互联网的成本大幅降低。这为数字创意产业的高速发展提供了良好的互联网接入条件。

3. 内容创意与制作能力持续提高

从20世纪90年代中后期开始，计算机CG技术、动作捕捉技术、虚拟现实与增强现实技术在我国动画、电影、电视等产业中得到推广和大范围应用，逐步取代了传统制作流程中的许多手工环节，扩大了创意空间，丰富了制作手段。进入21世纪第二个十年后，我国数字创意产业主要细分门类的专业化分工更加成熟，制作水平不断提高。网络文学、游戏、电影、电视剧领域的精品不断涌现，在海外市场也产生了一定的影响，成为“中华文化走出去”的先行产业之一。

4. 数据驱动型内容生产开始兴起

随着人工智能、云计算、大数据等技术广泛应用于数字内容的生产环节，在传统以PGC、UGC为主导内容生产方式的基础上，兴起了以计算机算法为基础的文化内容生产方式。在这种生产方式下，文化内容的生产将依据或参考大数据的分析结果，尤其是关于消费者体验、购买行为的数据分析，对数字内容生产的创意、技术、运营要素进行针对性的调整和优化。在人工智能技术的支持下，可以基于互联网或相关专业数据库的已有内容，按照特定的算法生成新的数字内容形态。这种依靠数据驱动，由算法生产内容的新方式，将对传统的知识产权保护的理论与实践带来巨大挑战，也将对产业的未来运营方式产生深刻影响。

5. 新媒体平台成为数字内容的传播中枢

21 世纪以来，我国数字创意产业的传播载体已经超出了电影、电视、纸质出版物的传统范围，更多地利用了 APP、垂直网站、微信、微博等新媒体平台。通过近十多年的发展，新媒体平台逐步成为文学、游戏、漫画、音乐、视频等数字内容的传播中枢和价值中心。新媒体平台具备社交中心与内容分发平台两方面的功能与性质，具有覆盖面广、互动性强、用户集聚度高、传播直接迅速等特点，是数字内容传播、分发的良好载体。

二、经济特征

1. 产业融合发展成为重要趋势

在各子行业发展的基础上，基于共同或类似的消费者体验偏好与价值交换特征，一些子行业开始在不同的层次上出现融合发展的趋势，主要涉及以下三个层次：

第一，创意层次。这一层次是融合发展的基础，基于创意的可多次复用性、衍生性，一个成熟的创意可以演化为多种数字内容形态。腾讯公司提出的“IP”概念，对这一现象进行了较为准确的概括。IP 作为经过市场检验，有一定消费者基础的创意体系，已经成为数字创意产业联动开发与融合发展的基础与核心。

第二，制作层次。这一层次的融合发展是在新兴技术的支撑下完成的。例如，虚拟现实技术的发展将使电影和游戏在制作层面上产生趋同，进而在此基础上促进两个产业的实质性融合。

第三，运营层次。这是当前融合发展最活跃的层次，主要是在商业运营层面，通过价值链延伸、新媒体运营等手段，实现对相关数字内容产品在市场营销上的相互促进，如较为常见的文影联动、影游联动、影视综联动等方式。

2. 注意力与流量入口成为市场竞争的焦点

我国互联网用户当前最常使用的互联网接入设备有智能手机、笔记本电脑、台式电脑和智能电视。这四种设备分别满足个人、家庭在不同场景下的工作、学习和休闲需求。在数字经济条件下，消费者通过各种终端、网站、APP获取的信息呈现大爆炸的状态，注意力成为一种稀缺资源。由于“注意”是开启后续购买决策过程的起点，因此对注意力的争夺就成为数字创意产业市场竞争的焦点，并具体表现为对上网终端屏幕和互联网流量入口的争夺。为了更有效、更经济地提升对终端屏幕和流量入口的控制比，硬件厂商普遍通过预装的方式提升自身APP的安装率和激活率。在运营层面上，更多地采取“三屏合一”“四屏合一”的整体运营策略，实现多种屏幕之间的流量导通。下一步，随着虚拟现实技术的发展，可穿戴移动设备可能会成为互联网流量的下一个重要汇集点和市场争夺点。

3. 垂直市场逐步形成

在互联网高速发展与消费群体分化的基础上，网络文学、动漫、游戏、视频、音频、短视频等细分产业开始形成自身完整的产业链条，并进一步在“长尾市场”的尾端，根据不同用户偏好，形成更加细分化的“利基市场”。在这一背景下，“多渠道网络”（MCN）成为内容生产的重要组织形式。多渠道网络能够根据高度细分化和个性化的消费者需求，利用大数据的支撑，将PGC、UGC、算法生产内容进行整合和创新，根据用户和市场反馈对内容生产进行快速、针对性的调整。

4. 价值链向海外市场延伸

我国网络文学、网络游戏、电影、电视剧产业开始向东南亚、非洲、欧洲和北美市场拓展，并取得了一定的成绩。其中，以网络游戏、移动游戏的海外拓展成效最为明显。在海外市场拓展的基础上，我国部分优秀的数字创意企业通过多种方式与海外有影响力的企业进行创意、制作、开发、营销、运营等方面的合作，建立了包括国际、国内两个市场，初步具备全球运营能力的整体价值链条和经营体系，有力地支撑了国家“文化走出去”和“一带一路”倡议的实施，扩大了中华文化在目标国家和地区的影响力。

三、社会特征

1. 消费者内容付费习惯逐渐形成

在互联网文学、游戏、视频、音乐等平台企业的推动下，通过设计多样化的用户付费方式，降低内容产品的用户支付平均成本，提高用户支付便捷程度等手段，我国消费者逐步转变了长期以来认为“互联网内容应该免费”的观念，愿意为数字文化内容支付费用的消费者比例明显提升。我国数字内容生产企业逐步摆脱了长期以来单一依靠广告维持运营的状态，开始逐步向广告、用户付费共同支撑的良性发展态势转变。这一趋势标志着我国数字创意产业的发展已经从早期依靠巨量投资支撑、依靠广告收入弥补部分成本的不稳定状态，向一个能直接创造价值的成熟产业转变。

2. 内容正版化趋势开始形成

在消费者内容付费习惯逐步形成的同时，在主要数字内容平台企业的推动下，我国数字创意产业的内容正版化工作取得了明显进展。首先，监管部门持续加大对盗版的打击力度，为产业整体发展创造了良好条件。其次，商业模式的创新也有效降低了盗版的运作空间。如我国影视产业，通过 VIP 会员制度和付费方式创新，有效保证了正版作品的盈利空间。我国数字音乐生产企业之间不断加强版权合作，在整个产业链环节打造数字音乐的版权保护链条，通过版权共享最大限度地降低同一产业链条内利益相关方的版权相关成本，促使整体数字音乐产业的正版化水平得到明显提高。

3. 基于互联网的文化圈逐步形成

随着互联网的全面普及，以特定 IP 为载体，以特定性别、年龄段人群为基础，在互联网社交平台与工具的支撑下，逐步形成了具有较为明显亚文化特征的各类网络文化圈。具有特定文化符号的专门网络社区、各种粉丝团体的形成，COSPLAY 活动、展会，周边衍生商品成为社会文化生活中的常见现象。基于互联网的文化圈打破了时间和空间上的限制，能有效地汇集特定利基市场上消费者的特定需求，是数字创意产业价值链延伸，进行 IP 开发和运营，实现线上线下价值闭环的重要基础。

第三节　我国数字创意产业发展面临的主要问题

21 世纪第二个十年以来，我国数字创意产业在基础技术、创作手段、用户群体、商业模式、市场结构等方面都经历了巨大的变革，取得了长足的进步，具备了一定的国际市场竞争能力，但是其发展仍然存在一系列问题，影响产业的长远发展。下面从技术、经济、社会三个维度进行分析。

一、技术维度分析

1. 优质内容不足，内容同质化，创新性和原创能力有待提升

我国数字内容生产企业在长期发展过程中，通过向国外先进企业学习、合作等方式，逐渐构建了自身的创意与技术体系。但是在这一过程中，也存在部分产品模仿痕迹明显、缺乏核心创意、制作水平粗糙、内容同质化的问题。例如，推向海外市场的反映当代中国社会生活的原创性电影、电视剧作品较少，产生的市场影响力较小。虽然我国游戏软件产品通过苹果、安卓等软件分发平台快速进入国际市场，但从市场反馈情况来看，部分游戏产品在基础架构、玩法、场景设计等方面趋同，没有针对目

标市场用户的使用习惯对界面、交互方式进行精细的本地化开发，还未形成鲜明的中华文化特色、相对稳定的表达风格与范式。

2. 关键性、基础性技术能力与装备制造水平有待提升

数字创意产业是信息技术产业与文化产业融合发展的结果，具有很高的技术含量。关键性、基础性技术能力与装备对产业发展具有重大影响。当前，在对数字创意产业发展非常重要的虚拟现实、增强现实、自然语言理解与处理、智能人机交互界面、大规模图形图像并行处理芯片集群、高性能图形图像处理软件、空间与情感感知等关键技术领域，我国与国外还存在较大差距，缺乏拥有自主知识产权的核心技术标准与体系。这种技术上的差距将最终体现为数字内容产品质量上的差距。在电影、动画、游戏等领域，相关技术能力和基础装备的重要性尤为突出。

二、经济维度分析

1. 缺少具有国际竞争力的大型企业集团，产业整体竞争力有待进一步提升

我国虽然有腾讯、阿里巴巴、百度、网易、中影、万达、华谊、博纳、光线、华强、奥飞等一批大中型数字创意企业，并在国际市场开拓与跨国经营中取得了一定成绩，但从总体上看，还没有形成具有世界级影响力的数字创意跨国企业集团。从产品数量和质量上看，我国生产的具有世界影响的优秀数字内容产品的数量仍然较少，在国际市场上的影响力仍然较小，我国数字创意产业的整体竞争能力还有待进一步提升。

2. 产业基地（园区）运营质量不佳，运行效益亟待提升

为促进文化产业与数字创意产业的发展，我国先后设立了一批与数字创意产业发展密切相关的国家级产业基地，主要包括国家级文化产业示范基地、国家级数字出版基地、国家级动漫产业基地、国家级文化出口基地等类型。此外，各级地方政府也结合自身资源情况，设立了相关的产业园

区或基地。这些园区和基地的设立，对数字创意产业的发展起到了非常重要的推动和促进作用。但是由于存在定位不准确、盲目跟风、重复建设等情况，有部分园区或基地的运行处于低效或亏损状态，需要政府补贴来维持正常运营，没有起到应有的产业集聚作用。

3. 产业内部结构有待优化，与相关产业融合程度有待提高

数字创意产业内部可以细分为电影、电视、数字音乐、数字出版、动画、漫画、游戏、网络文学、网络视频、虚拟现实等产业。同时，数字创意产业的发展还催生了专门的硬件生产、数字特效等支撑性产业。此外，数字创意还能与设计业、旅游业、农业、制造业等相关产业在价值链层面进行融合，提升相关产业的附加值，产生较为明显的产业关联发展效应。当前，我国数字创意产业已经进入快速发展阶段，各子产业的发展日趋成熟。但是我国数字创意产业的各子产业间还没有形成相互交融的完整产业链，一些重要的支撑性行业还未形成规模，内部结构还需进一步优化。同时，我国数字创意产业与相关产业的融合发展还没有形成成熟的商业模式和运营体系。

4. 版权交易与品牌授权机制还不完善，相关衍生产业需进一步培育

衍生产品是数字内容产品价值链延伸的重要环节，衍生产业是数字创意产业的重要组成部分和获取利润的主要环节。衍生产品的开发除企业自身良好的创意、制作和运营实力以外，还需要健全的版权交易体系和完善的品牌授权机制进行支撑。在版权交易和品牌授权的过程中，需要重点对数字内容产品内含的知识产权进行有力的保护，促进建立良性的产业生态体系。当前，我国在全国范围内初步建立了较为完整的版权交易体系，品牌授权市场也具备了一定的规模。但是我国版权交易体系还缺乏完善的中介服务组织进行支撑，交易类型较少，交易规模偏小。同时，我国品牌授权市场总体发育程度还较低，总体规模偏小，对我国数字创意产业的发展

的支撑度还有待提升。

5. 企业融资存在结构性障碍，中小企业资金支持力度有待加强

数字内容产品的生产与运营具有时间周期短、市场风险高、资金需求量大的特点。中小型企业是我国数字创意产业的主体，是产业发展的重要源泉。对中小型企业而言，仅依靠自有资金是难以完成数字创意产品（项目）开发和运营的全过程的。另外，金融市场提供的融资渠道难以满足中小型数字创意企业的需求。从资本结构上看，数字创意企业具有固定资产占比低，以知识产权、品牌价值、人力资本为主的无形资产占比高的特点。在现有的银行评估标准和证券市场上市标准下，无形资产难以得到准确评估，并纳入企业资本金计算。同时，在现有标准下，无形资产不能直接作为抵押物，中小型数字创意企业很难用无形资产担保来获取银行贷款。数字创意产业的发展需要更多的金融产品创新和更加灵活的融资方式。

三、社会维度分析

1. 盗版侵权仍然是制约产业发展的重要因素

数字内容产品具有无形性和易复制性的特点。我国数字创意产业的发展长期受到盗版侵权现象的困扰，在互联网大规模普及的条件下，由于数字化技术所带来的复制便利性和传输便捷性，对数字内容产品的非法复制和传播更加严重。在衍生品市场，由于品牌授权和版权交易机制还不完善，数字创意企业很难通过衍生品市场获取收入，其合法权益难以得到保障。数字创意企业在内容一级市场和衍生品二级市场都面临盗版的威胁。近年来，在监管部门的强力推进和行业企业的努力下，我国针对包括数字内容产品在内的各类知识产权的保护力度空前加强。但是盗版问题仍然在电影、电视、文学、游戏、音乐等领域存在，是制约我国数字创意产业发展的重要因素。

2. 人才培养与需求存在结构性矛盾，产业人才结构有待优化

数字创意产业对人才的需求是多方面、全方位的，对人才的能力结构要求也具有非常明显的复合型特征，如人机界面、原画绘制、三维建模、特效制作、项目管理、新媒体运营、知识产权相关的中介服务等，涉及管理、技术、艺术三大领域和法律、金融等相关领域，既需要专业的经营管理人才，又需要精通数字技术、互联网技术、多媒体技术的技术人才，还需要具有深厚文化底蕴的艺术创作人才。当前，我国数字创意产业人才供给存在结构性不足的问题，主要表现为人才培养与市场需求脱节。一方面，大量的高等院校和职业技术类院校开设数字创意产业相关专业；另一方面，培养的学生在理论与技能上与企业实际需求存在较大差距。特别是缺乏具有良好技术素养的创意人才和兼具管理、艺术、经营能力的高端人才。这一情况已经成为制约我国数字创意产业发展的一个重要因素。

3. 企业社会责任意识、行业自律水平还需进一步强化和提高

数字创意产业在自身发展过程中会对外部环境产生外部性效应。总体来看，数字创意产业具有非常强的正外部效应，特别是其具有的强产业渗透性质能够有效提升相关产业的附加值和发展。但是数字创意产业的发展也具有负外部效应。从本质上讲，数字内容产品是一种文化产品，具有鲜明的意识形态性，对社会意识具有重要影响。我国数字创意产业的发展从一开始就处于中外文化大交流的环境中，必须高度重视在这一过程中可能面临的意识形态风险。同时，网络文学、视频、动漫、游戏对青少年的身心发展存在不利影响，是导致青少年沉迷网络的重要原因。2018 年发布的《关于严格规范网络游戏市场管理的意见》，有关部门对违规游戏内容进行了清理，促进了网络游戏产业健康发展。除了政府在法律和制度层面进行强制约束以外，更为根本的解决途径是产业内的内容生产、平台运营等各环节企业，要持续加强自身的社会责任意识，通过制定行业公约、行业标准等方式，全面提升整个行业的自律水平。

第五章　数字创意产业的价值链与多业态融合发展

数字创意产业的价值链运营对其发展具有十分重要的意义，是数字创意产业发展和运行的基本方式。本章首先简要介绍了一般文化产业的价值链结构，其次分析了数字创意产业的价值链结构及其价值循环过程。在此基础上，探讨了数字创意产业的多业态融合发展问题。

第一节　一般文化产业的价值链结构

2006 年，厉无畏探讨了创意产业价值链的一般结构（厉无畏，2006）。2009 年，刘友金等基于波特的“价值链”理论，分析了创意价值链的组织方式（刘友金，赵瑞霞，胡黎明，2009）。2014 年，杨永忠和林明华发展了创意价值链的系统理论，并将其用于创意产品开发理论的建构，指出文化创意产品的本质是文化、技术、经济要素的有机融合，这种融合是通过创意价值链实现的。这一价值链由文化资源、内容创意、生产制造、市场推广和消费者五个环节构成（林明华，杨永忠，2014），如图 5-1 所示。

图 5-1　一般文化产业的价值链结构

一般文化产业的价值生成路径是单向进行的：第一步，对文化资源进行发掘和评估，确定可供进一步开发的文化资源；第二步，基于特定的文化资源进行内容创意，形成文化内容产品的核心价值部分，如电影剧本、动画脚本等；第三步，应用具体的技术实现手段，将内容创意转化为具体的内容表现形态，如音乐、电影、电视、动画、游戏等；第四步，根据目标市场的具体特性进行市场推广；第五步，消费者根据自身偏好进行购买决策，完成对文化内容产品的消费体验过程，并进行反馈。

第二节　数字创意产业的价值链结构

数字创意产业是传统文化产业在高技术条件下的进一步发展，与一般文化产业相比，其价值生成过程主要是依托互联网环境完成的。在互联网环境下，由于网络效应的存在，数字创意产业的价值链结构发生了显著的变化，价值生成过程由单一线性流动过程演变为网状双向流动过程，其价值链逐步演变为一种双向价值链结构。

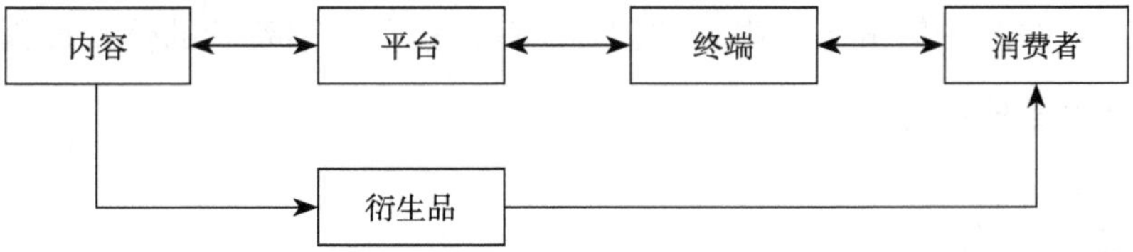

图 5-2　数字创意产业的价值链结构

如图 5-2 所示，数字创意产业的价值链由内容、平台、终端、衍生品、消费者五个环节组成（陈睿，杨永忠，2016）。下面将基于这一模型，对数字创意产业的价值链结构和价值生成过程展开分析。

一、内容

内容是数字创意产业的文化内核，是整个价值链的起始环节。在产业界，拥有较大规模消费者群体、具有较强的盈利能力、具备较强的形态转化能力，相对稳定的内容体系常被称为 IP（Intellectual Property）。根据在价值链上位置的不同，可以把内容分为原创性内容和再创性内容；根据交互性的强弱，可以把内容分为交互性内容和单向性内容。此外，根据呈现媒介的不同，还可以把内容以分为二维、三维和四维内容，并表现出不同的体验特性。反过来，特定的媒介形态也会影响内容的创意、制作和传播方式。

内容的生产主要包括创意与开发两个步骤。创意是内容生产的源泉，创意的质量决定了数字内容产品核心价值的高低，创意绩效直接决定着数字创意企业的整体绩效。创意可以分为个人、团队和组织三个层次。在互联网环境下，团队和组织可以是实体机构或团队，也可以是通过网络进行沟通的创意人员群体。开发是指通过一定的技术手段，如程序编码、3D 视频、虚拟现实技术等，对文化内容进行封装，将抽象的文化创意转化为具象的文字、图像、声音、视频、程序、虚拟现实等内容形态，从而形成在价值链中可以进行销售、分发、传播的产品形态。对互动性较强的数字内容而言，程序代码所设定的互动模式将成为消费者内容体验的有机组成部分。在双向的价值链上，内容的创意、开发过程与消费者的体验过程在一定程度上是重合的。

二、平台

平台是数字创意产业的运行载体，是数字内容的分发渠道，是整个价值链上的中心环节。从技术的角度来看，平台主要包括高性能服务器、超大型数据库系统、业务逻辑的中央控制程序等信息技术基础设施，是各种类型的内容形态、用户信息、管理策略的汇集与处理中心，集中了数字创意产业生产、运营和消费的各类数据资源。从经济的角度来看，平台表现为“双边市场”或“多边市场”，连通了价值链上的各类行为主体，具有典型的“网络外部性”等经济特征。从管理的角度来看，平台表现为内容分发渠道是进行各类应用分发、数据流量导入导出、用户行为分析、营销策略实施的基本载体。总之，在数字创意产业中，各类平台是价值的汇集点，是数字创意产业生产运营的重要基础。

在消费者一侧，平台是以网站、客户端程序、移动 APP 的形态出现的，是消费者访问数字内容的流量入口与交互中心。以最为典型的移动 APP 为例，截至 2018 年底，我国市场上监测到的移动应用程序（APP）为 449 万款。其中，游戏类 APP 达到 138 万款，占比 30.7%。在所有 APP 中，国内移动应用商店（主要基于安卓）上架的 APP 为 268 万款，占比 59.7%，苹果移动应用商店上架的 APP 为 181 万款，占比 40.3%。从流量来看，2018 年底，我国移动互联网产生的数据流量达到 711.1 亿 GB，较 2017 年底增长 189.1%。从应用类型来看，我国移动互联网用户最经常使用的 APP 类型有即时通信、网络视频、网络音乐、短视频、网络音频、网络文学六大类，使用时长占比分别为 15.6%、12.8%、8.6%、8.2%、7.9%、7.8%。①

三、终端

终端是数字创意产业的硬件载体，是整个价值链上的关键环节，是数字内容呈现的物理载体，也是消费者访问数字内容的硬件设备与流量入口。内容通过平台汇集，通过终端呈现给消费者，并与消费者产生交互。当前，终端屏幕是内容与消费者的主要界面，是吸引消费者注意力的主要窗口。终端主要有智能手机、智能电视、平板电脑、笔记本电脑、台式电

① 中国互联网络信息中心 . 第 43 次《中国互联网络发展状况统计报告》[R / OL]. [2019-02-28] http://www.cac.gov.cn/2019-02/28/c_1124175677.htm.

脑、专用游戏机、可穿戴智能设备等类型。

终端的物理形态与消费者使用的具体场景密切相关。不同终端的使用场景具有显著差异。例如，智能手机主要应用于轻度办公、碎片时间休闲等场景，智能电视主要应用于家庭娱乐场景，台式电脑和笔记本电脑主要应用于办公、学习场景，电子书主要应用于学习、休闲等阅读场景，可穿戴智能设备主要应用于外出运动场景，等等。值得注意的是，截至 2018 年 12 月，我国网民使用手机上网的比例达 98.6%，较 2017 年底提升 1.1 个百分点；网民使用电视上网的比例达 31.1%，较 2017 年底提升 2.9 个百分点；使用台式电脑上网的比例为 48%，较 2017 年底下降 5 个百分点。① 这说明我国互联网用户主要采用移动智能终端接入互联网。一方面，终端是消费电子行业的主要产品形态，具有自身的价值链结构；另一方面，终端发挥着流量汇集和流量引导的重要作用，是构成数字创意产业价值链的重要一环。

四、衍生品

衍生品是数字创意产业的扩展领域，是整个价值链上的融合环节。衍生品的实质是数字创意产业的价值链延伸至设计、工艺品、玩具、服装、家具、餐饮、旅游、农业、消费电子、汽车等相关产业而形成的，承载文化创意内容的实体商品，是数字内容的对象化与实体化。品牌授权是支撑衍生品开发与运营的重要机制。衍生品是数字内容价值增值的重要环节，是重要的收入来源与利润中心。由于数字创意产业价值链的主体部分主要是在互联网环境中进行延伸，衍生品的存在将这一价值链条从线上虚拟环境拓展到了线下实体环境，并进一步实现从线下实体环境向线上虚拟环境的反向引流。因此，衍生品的开发与运营至少具有三个层面的重要意义：

① 中国互联网络信息中心．第 43 次《中国互联网络发展状况统计报告》[R / OL]．[2019-02-28] http://www.cac.gov.cn/2019-02/28/c_1124175677.htm.

一是数字创意产业与相关产业的融合发展；二是线上虚拟环境与线下实体环境的价值贯通与闭环；三是数字创意产业价值链在形态、内容、功能、时间、空间上的扩展与延伸。

五、消费者

消费者是数字创意产业的发展基础，是整个价值链的最终环节，是决定数字内容的价值能否实现的最终决定力量。需要指出的是，在数字创意产业的双向价值链条中，消费者并不是价值生成的终点，而是新一轮价值循环的开始。拥有较大消费者规模的特定数字内容产品，可以通过版权交易的方式向其他内容形态转化。当前，我国数字创意产业的几种主要内容形态已经拥有了相当庞大的消费者规模。截至 2018 年 12 月，我国网络文学、网络视频、网络音乐和网络游戏的用户规模分别为 4.32 亿人、6.12 亿人、5.76 亿人、4.84 亿人，用户使用率分别为 52.1%、73.9%、69.5%、58.4%。①

消费者通过“注意”过程获取和选择数字内容产品的基本信息，通过“体验”过程进行数字内容产品的消费。消费者对数字内容产品的消费是“经验性”的，对效用的评价具有强烈的主观感受性。与一般文化产业相比，在数字创意产业的价值链上，消费者既是数字内容产品的最终体验者，也是新的创意和内容的重要生产者，还是价值链上相关环节的重要参与者。消费者与内容的创意者、生产者之间存在较为密切的交互作用，并通过这种交互影响整个价值链的运行过程。

---

① 中国互联网络信息中心．第 43 次《中国互联网络发展状况统计报告》[R / OL].［2019-02-28］http://www.cac.gov.cn/2019-02/28/c_1124175677.htm.

第三节　数字创意产业的价值循环过程

数字创意产业的价值生成过程具体表现为沿着双向价值链进行的价值循环过程。按照是否包括与相关产业的价值链融合环节，可以将数字创意产业的价值循环过程分为两种典型的循环模式：基本价值循环过程和扩展价值循环过程。两种循环模式都是以内容生产作为起点，以消费者体验为终点。IP 在两类价值循环过程中起着重要作用，是版权交易与品牌授权的基本对象。

一、基本价值循环过程

数字创意产业的基本价值循环过程包括“内容—平台—终端—消费者”四个基本环节。对电影、出版等传统文化产业形态而言，由于不需要消费电子终端作为内容呈现媒介，则只包括“内容—平台—消费者”三个基本环节。基本价值循环过程的具体环节包括：内容创意—内容制作—平台分发—终端呈现—消费者注意与购买决策—消费者体验与反馈，如图 5-3 所示。

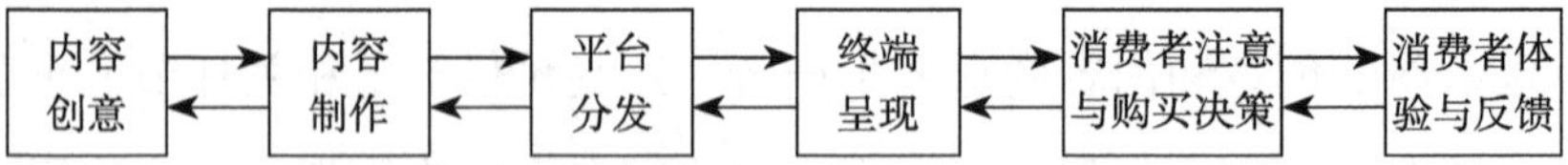

图 5-3　数字创意产业的基本价值循环过程

在基本价值循环过程中，消费者可以通过基于互联网的各类平台客户端、移动 APP、社交应用对价值链各环节施加影响。消费者反馈的各类信息和消费偏好数据将被业务逻辑系统记录和存储在平台数据库中，用于后续产品调整。更为重要的是，如果一个内容创意能够完整地通过一轮基本价值循环过程，通过市场检验，获得一定规模且较为稳定的消费者群体，那么该内容创意就有可能实现 IP 化，吸引内容生产商和投资者的注意，获得新一轮的迭代开发机会。这时，版权交易机制将在跨内容形态的迭代开发中发挥重要作用，新一轮的基本价值循环过程将由此开始。

二、扩展价值循环过程

数字创意产业的扩展价值循环过程包括“内容—平台—终端—消费者—衍生品”五个基本环节，是基本价值循环过程在产业融合条件下的扩展。同样，对于电影、出版等传统文化产业形态而言，由于不需要消费电子终端作为呈现媒介，扩展价值循环过程只包括“内容—平台—消费者—衍生品”四个基本环节。扩展价值循环的具体环节包括两条主线，第一，基本价值循环的全部环节：内容创意—内容制作—平台分发—终端呈现—消费者注意与购买决策—消费者体验与反馈。第二，衍生品开发与运营的相关环节：内容创意—内容符号化与品牌化—品牌授权—相关产业价值链—消费者注意与购买决策—消费者体验与反馈过程，如图 5-4 所示。

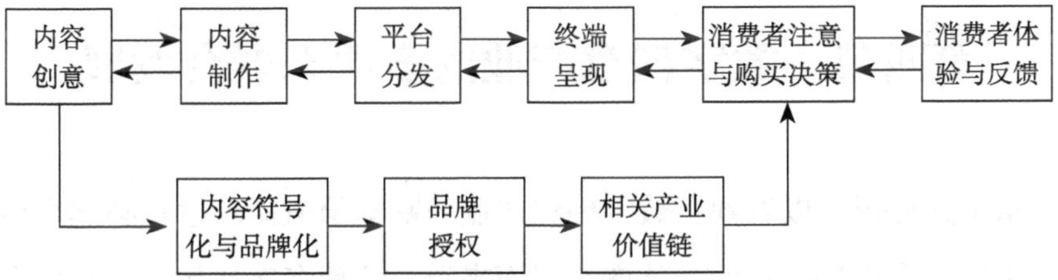

图 5-4　数字创意产业的扩展价值循环过程

扩展价值循环过程得以开展的前提是基本价值循环过程能够顺利实现价值增值并获得消费者认同。需要指出的是，在基本价值循环过程取得成功的前提下，衍生品的开发是可以与基本的内容产品开发同步进行的。基本方式是将已经取得一定市场影响力和消费者认同的内容创意体系符号化和品牌化，再通过品牌授权机制注入设计、工艺品、玩具、服装、家具、餐饮、旅游、农业、消费电子、汽车等相关产业的价值链环节，如创意设计、产品开发、市场营销、品牌运营等，最后通过消费者运营实现衍生产品的市场价值。

三、两种价值循环过程的相互关系

数字创意产业的基本价值循环过程与扩展价值循环过程之间存在紧密的内在联系。基本价值循环过程主要是在数字创意产业内部展开的，而扩展价值循环过程则是在数字创意产业与相关产业之间展开的。基本价值循环过程是扩展价值循环过程的前提和基础，扩展价值循环过程是基本价值循环过程的延伸与创新。从产业发展的角度来看，必须尽力取得基本价值循环的成功。在此基础上，推动基本价值循环过程向扩展价值循环过程转化，这是实现更广泛、更稳定、更持久利润来源的必然要求。总之，两种价值循环过程是数字创意产业实现自身发展的基本运行方式。

第四节　数字创意产业的多业态融合发展

从上述分析可以看到，数字创意产业的基本价值循环过程必然会促进内容形态的多次迭代开发。从产业层面来看，这种多次迭代开发必然会促进数字创意产业的多种子产业形态之间出现融合发展的趋势。因此，多业态融合发展是数字创意产业价值循环过程的表现形态和承载方式，也是数字创意产业发展的内在逻辑和基本方式。

从当前数字创意产业发展的实践来看，数字创意产业的多业态融合发展主要是沿着子产业融合与相关产业融合两个方向实现的。子产业融合主要是指数字创意产业内部各子产业之间，以版权交易、运营为主要载体而实现的融合发展。相关产业融合主要是指数字创意产业与外部相关产业之间，以创意设计、品牌授权为主要载体而实现的融合发展。在相关产业融合的过程中，设计产业是数字创意产业与相关产业实现融合发展的重要中介，提升我国工业设计和产品设计能力，是提升我国制造业整体发展水平的重要手段。以下聚焦分析了数字创意产业子产业形态之间的融合发展问题。

一、基本原理

创意本身具有“一意多用”的特性，特定创意来源可以通过产品开发过程转化为网络文学、动画、游戏、电影、电视剧、舞台剧、工业设计、虚拟现实等多种产品形态，并通过产品形态的演化，实现价值链的不断延长和价值的持续增值。《“十三五”国家战略性新兴产业发展规划》第六部分明确提出：“鼓励多业态联动的创意开发模式，提高不同内容形式之间的融合程度和转换效率，努力形成具有世界影响力的数字创意品牌，支持中华文化‘走出去’。”从数字创意产业本身的特性来看，多业态之间的有机联动与融合发展是其高质量发展和价值持续增值的关键环节，也是其核心竞争力的关键构成要素。

“业态”一词最早应用于零售业领域，中华人民共和国国家标准：《GB/T 18106-2004 零售业态分类》对零售业态所下的定义是：“零售企业为满足不同的消费需求进行相应的要素组合而形成的不同经营形态。”从产业经济学的角度来看，“业态”一词更接近“产业组织形态”的概念。在以往的研究中，“多业态”更多是作为一种经营模式来进行讨论，且相关研究多集中于零售流通领域。在本研究中，使用“业态”一词来指代数字创意产业内部的多种子产业形态，多业态融合发展主要是指数字创意产业内多种不同产业形态之间在价值链层次的融合发展。

探讨数字创意产业的多业态融合发展，既要考虑数字创意产业价值链结构与价值循环过程的特点，又要考虑不同业态之间存在的相互作用与影响。数字创意产业的多业态融合发展主要建立在两个维度上：第一，纵向维度。建立在数字创意产业价值链结构与价值循环过程的基础上，主要考虑特定业态内，构成数字创意产业价值链的三大核心要素“内容—平台—消费者”之间的相互作用关系。第二，横向维度。建立在不同业态之间相互影响的基础上，主要考虑不同业态之间“内容—内容”“平台—平台”“消费者—消费者”相互作用的一般过程，如图 5-5 所示。

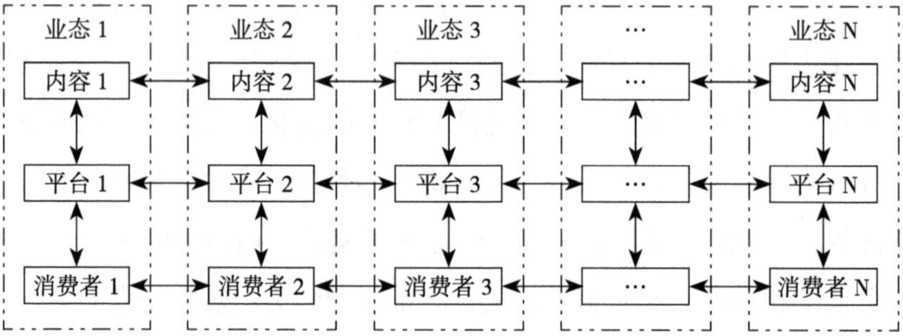

图 5-5　数字创意产业多业态融合发展的分析框架

在内容环节，同一原始创意或创意体系可以通过多次迭代开发，转化为多种不同的内容形态，从而在不同业态之间产生相互影响；在平台环节，处于不同业态中的内容分发平台之间会产生相互影响，产生交叉网络外部性，并对内容生产与消费者选择产生影响；在消费者环节，不同业态中的消费者群体之间存在时间和空间上的相互影响与转化关系。需要指出的是，数字终端设备一般能对多种不同形态的内容进行数字化统一处理与呈现。因此，从价值生成的角度来看，终端环节对数字创意产业的多业态融合发展影响力较弱，且部分子产业不包括消费电子终端的价值链环节。因此，以下主要从内容、平台、消费者三个方面分析，具体探讨数字创意产业多业态融合发展过程中，内容转化、平台交互、用户迁移三个方面的内容。

二、内容转化

如图 5–5 所示，在数字创意产业多业态融合发展的过程中，在不同业态的多种内容形态之间构成了一条创意转化链条。这说明在多业态融合发展的条件下，内容创意超出了单一线性产品开发过程的范畴，体现为内容的多次再创意和内容形态的持续转化。

第一，从创意过程的角度来看，如果把一次、两次、三次、N 次的内容形态转化过程视为一个整体，就形成了一条创意转化的链条。可以将这一过程视为一个全版权开发与 IP 运营的过程。在这条链条上，整体叙事（创意）的统一性和具体业态环境下特定叙事结构之间是存在差异性的。这时，统一性与差异性之间的矛盾可能会给多业态融合发展条件下数字创意产品的开发过程带来不同程度的影响。对于这种影响的具体程度、表现形态和管理策略，还有待进一步探讨。

第二，从传播过程的角度来看，当基于特定创意的数字内容形态从一种形态转变为另外一种形态时，将在故事情节、叙事主体、叙事方式、传播载体、受众接收与参与方式等方面存在不同程度的差异性。这一转化过程的影响因素有哪些？是否存在一定的变化规律？是有待进一步深入研究的问题。可以考虑使用传播学中的跨媒介叙事理论，为分析这一现象提供基本的理论参考框架，具体可以应用内容分析方法、创意产品语义量表等工具对这一转化过程进行量化的深入分析。

第三，从产品生命周期和产品线延伸的角度来看，数字创意产业的多业态融合发展，可以在一定程度上被视为从原始产品形态向后续产品形态的产品线延伸过程，这种延伸增加了数字内容产品生命周期的长度。具体而言，从单一业态到双业态，再到多重业态的内容转化所需要的基本条件、影响因素、时间接续和周期规律性还需要进一步探讨。

三、平台交互

如图 5-5 所示，在数字创意产业多业态融合发展的过程中，在不同业态的多个平台之间构成了一条平台交互链条。这说明在多业态融合发展的条件下，平台网络外部性的作用范围超出了单一平台的范围，体现为多个平台之间的综合网络效应。

当前，对平台网络外部性的研究多侧重于对单一平台条件下的直接、间接或交叉网络外部性的探讨，但对于平台之间的网络外部性研究较少，且多从竞争性平台的视角展开。数字创意产业多业态融合发展过程中的平台交互，主要是通过平台间的网络外部性来实现，是一种典型的互补性平台交互过程。对这一交互过程，可以从以下三个方面进行分析。

第一，从平台间效应的作用方式来看，基于网络经济学关于网络外部性的一般原理，可以具体考查处于不同业态的双平台、三平台之间交互作用的介质、主要影响因素、基本作用机制。在此基础上，将处于交互链条上的多个平台视为一个平台链，分析该链条上平台间相互作用的一般规律。

第二，从平台间效应的作用时序来看，既要考虑同一时间范围内的平台交互过程，也要考虑接续时间条件下的平台交互过程。处于不同业态中的平台，有一些是在同一时间范围内进行交互作用的，有一些则是在前后接续的时间段产生交互作用的。对于这两种情况，平台交互作用的具体方式可能存在差异和特殊性，有待进一步深入探讨。

第三，从平台间效应的外部影响来看，处于不同业态中的平台之间的相互作用，将对处于不断转化过程中的数字内容的再创意过程、生命周期、定价策略、用户选择行为产生显著影响，这种影响的具体机制还有待深入探讨。

四、用户迁移

如图 5-5 所示，在数字创意产业多业态融合发展的过程中，在不同业态的多个消费者群体之间构成了一条用户迁移链条。这说明在多业态融合发展的条件下，用户运营超出了单一市场用户开发与维系的范畴，体现为消费者群体的多次转化与更新过程。

第一，从产品开发与运营的角度来看，将原有业态的消费者群体迁移到目标业态中，是在多业态融合发展条件下，实现数字创意产品多业态联动开发的关键环节。消费者群体的迁移可以最大限度地减少新业态中数字内容产品的运营成本，能提供相当规模的初始用户群体，引导和促进潜在消费者转化为现实消费群体。

第二，从消费者选择的角度来看，原有业态中的消费者群体并不会自发转化为目标业态中的有效消费群体。在这一转化过程中，原始消费者群体虽然较其他群体具有更高的转化成功概率，但是消费者同样会经历“感知—态度—行为”三个阶段的选择与决策过程。这一过程有哪些主要影响因素，其运行的内在机制和基本方式是什么？还有待深入探讨。

第三，从创新扩散和产品扩散的角度来看，这一迁移过程实际上是一个多代创新产品扩散条件下的消费者相互作用过程。可以考虑应用多代创新产品扩散理论的基本思想，借鉴 Norton-Bass 模型，构建数字创意产品用户迁移过程的数理仿真模型，并对这一过程进行模拟仿真。针对这一过程，还需要深入研究消费者从一种业态迁移到另一种业态的一般模型和规律，包括影响因素、数量分布、周期规律、保有率分布、提升转化成功率的基本策略等。

可见，数字创意产业的多业态融合发展主要是通过内容转化、平台交互、用户迁移三种机制来实现的。在理论层面，其实现机理和模式还存在众多待探究的问题，涉及经济学、管理学、传播学的一些基础理论，需要运用跨学科的视角加以深入探讨。本书在此处仅提出了数字创意产业多业态融合发展的基本分析框架，关于此问题的深入探讨将在后续研究中深入展开。

第六章　数字创意产业发展的典型产业形态——传统转型产业

在组成数字创意产业的子产业中，有一部分是以原有文化产业形态为基础，在数字化条件下对自身生产制作流程、商业运营模式、产业基本结构进行系统变革转型而逐步形成的。例如，传统影视产业向数字影视产业的转型，传统音乐产业向数字音乐产业的转型，传统出版产业向数字出版产业的转型等。基于学理性的划分，本研究把这部分产业称为数字创意产业的传统转型子产业形态，主要包括影视产业、数字音乐产业和数字出版产业。

第一节　影视产业

影视产业是数字创意产业的重要组成部分，主要指电影和电视剧这两种文化内容形态与商业结合而形成的产业体系。影视产品不同于一般工业产品，它在本质上是一种融文化、艺术、技术于一体的创意产品，其核心内容是“故事”和“人物”。其创意思维具有交叉性、差异化、异质信息交流、对话与反馈等特点（Ebbers，J. J. W. N.，2009）。虽然影视制造业与工业制造业有类似之处，如工业化生产流水线作业等，但是影视产业的生产组织流程是以内容创意为中心，具有鲜明的个性化、差异化、创意性等特点，与工业制造业差异显著。

一、发展现状

影视产品作为公众最熟悉、最接近的文化艺术消费品，其形式、风貌和内容的发展和创新受到越来越多的社会关注。随着市场需求的升级，我国影视产业不断推进供给侧结构性改革，挖掘民族文化精髓，提升创意和技术水平，推行精品化路线，提升影视作品的核心价值，提高影视产品在国内和国际市场的竞争力。当前，我国影视产业的制作经费更加充裕，拍摄的基础设施、后期制作的软件和数字化应用水平更高，与国际一流的制作水平差距不断缩小，产品的思想性、艺术性、文化内涵达到一个新的高度，呈现出专业化、成熟化和规模化的发展趋势。整体产业由数量规模型向质量效益型转变。

2018 年，我国有线数字电视实际用户数达 2.01 亿户，高清有线电视用户达 9257 万户，交互式网络电视（IPTV）用户达到 1.54 亿户，互联网电视（OTT）用户达 4.20 亿户。2018 年，我国电视节目制作投资额达 427.24 亿元，制作发行电视剧 323 部，1.37 万集；电视动画片 241 部，8.62 万分钟；纪录片 7.59 万小时。电视节目国内销售额达 387.86 亿元，较 2017 年增长 7.63%。2018 年，我国广播电视产业实际创造收入达到 5639.61 亿元，较 2017 年增长 16.48%。其中，广告收入达 1864.49 亿元，有线电视网络收入达 779.48 亿元，新媒体业务收入达 467.76 亿元，广播电视节目销售收入达 642.56 亿元[①]，电视产业发展呈现出良好态势。

我国电影行业先后经历了转企改制、院线组合、融资上市、民资入股、“互联网 +”等重大变革。今天，中国已经成为世界第二大电影票房市场和第一大观影市场。2016 年《中华人民共和国电影产业促进法》的颁布，以法律的形式确保了电影行业主体的相关权益，规范了电影内容与经

① 国家广播电视总局规划财务司 .2018 年全国广播电视行业统计公报［EB/OL］. http://www.nrta.gov.cn/art/2019/4/23/art_2178_43403.html.

营行为的边界，推动了电影产业的快速发展。我国主要影视公司包括中国电影集团公司、万达影视传媒有限公司、华谊兄弟传媒有限公司、海润影视制作有限公司、上海电影集团、北京光线传媒股份有限公司、阿里巴巴影业集团、博纳影业集团等。

2018 年，全国银幕总数达到 60079 块，其中，2018 年新增 9303 块。共生产 1082 部电影，其中，故事电影 902 部，动画电影 51 部，科教电影 61 部，纪录电影 57 部，特种电影 11 部。城市院线观影人次为 17.16 亿，较 2017 年增长 5.93%。电影总票房收入达 609.76 亿元，较 2017 年增长 9.06%。其中，国产电影总票房收入达 378.97 亿元，较 2017 年增长 25.89%，市场占比达 62.15%[①]，国产电影已经占据市场的主要份额。2019 年，我国电影产业在科幻电影和动画电影领域取得了新的突破，根据刘慈欣小说改编的《流浪地球》票房达 46.55 亿元，成为我国第一部真正意义上的硬科幻电影。依据我国传统民间传说创作的动画电影《白蛇·缘起》和《哪吒之魔童降世》在制作水准上已经达到较高水平，取得了非常好的票房成绩。

影视产业的运行还受到技术进步和新技术应用的深刻影响。虚拟现实技术具有全景式、沉浸式的体验特征，将在时空构建、屏幕介质、主观感受、互动方式四个方面对传统影视产业产生深刻的影响（姜荷，2016）。从中长期来看，在虚拟现实技术的推动下，游戏产业与影视产业可能在技术基础、生产流程、运营模式、体验过程四个方面产生深度融合，催生出全新的“互动参与式全息游戏影视”的产业形态。

二、运行模式

现代影视产业价值创造机制包括核心价值和延伸价值两个部分（巴

---

① 国家电影局．2018 年中国电影票房首次突破 600 亿元　国产片市场占比超六成［EB/OL］．http://www.xinhuanet.com/ent/2019-01/02/c_1123934880.htm.

里·科特曼，2005）。核心价值是影视产品本身的艺术价值，延伸价值是产品衍生品开发的价值实现。核心价值是延伸价值的基础，延伸价值为核心价值提供资金和市场支持，共同构成现代影视产业健康可持续发展的基础。从产业实践来看，影视产业的运行过程主要包括内容提供、平台分发、衍生开发和全球价值链拓展四个主要环节。

1. 内容提供环节

内容是影视产业的核心价值，是以电影电视制作为核心的内容创意、策划、融资、拍摄、制作等活动，主要由各大影视公司完成，如中国电影集团公司、阿里巴巴影业集团、唐人影视股份有限公司等。当影视作品内容被市场接受，影视作品就转化成了影视 IP（Intellectual Property）。这里的 IP 就是知识产权，指专门针对智力劳动成果的权利。影视 IP 包含了与影视作品相关的名称、标志、故事、形象、艺术风格等，适合进行衍生开发或者进一步改编，是一个基于消费者认知的符号集合。影视作品内容的创意和制作水平，决定着 IP 的市场认同度和衍生开发价值。

随着数字信息时代的发展，影视产品的生产迎来了新的契机。第一，网络文学产业的发展使得影视产业的内容创意来源变得更加丰富，内容创意数量和质量都得到很大提升，网络文学已经成为影视作品的主要素材来源。第二，知名的网络文学 IP 已经聚集了大量的消费者，在影视作品改编中也更容易演变为影视作品的消费者，“粉丝经济”已经成为影视作品成功的重点因素。第三，随着信息技术的发展，国际合作的推进，影视拍摄和后期制作的技术也在快速进步，特别是剪辑、特效等后期制作水平的提高提升了影视作品的整体水平。3D 技术、虚拟现实技术的应用，为影视产业的市场认同和消费升级提供了重大的契机。中国当前主要影视后期制作企业有 Base FX、数字王国、天工异彩、MORE VFX、北京威驰克、视点映画、诺华视创、红点影视、楷魔视效、聚光绘影等，它们是推动影视作品换代升级的重要力量。

2. 平台分发环节

分发环节是指制作完成并通过审片的影视作品，通过营销、分发、公映等方式，分发到电视台、电影院、视频网站等内容播放平台的过程。影视作品完成以后，营销环节是市场成败的重要一环。一般影视公司都会召开作品发布会，召集各大主流媒体、有影响力的博主、影视粉丝等，将电影或电视公映信息推送到全国各大电视台和媒体网站。除了发布会，影视公司还会利用各种新颖的营销方式，如前置式广告、事件营销、榜单植入、豆瓣评分、明星营销、角色营销、音乐营销、联合品牌营销等，尽可能抓住消费者的注意力和好奇心。

值得关注的是，影评平台如豆瓣、猫眼、时光网等，对影视作品的市场成功起着非常大的影响作用。截至 2018 年底，豆瓣已经拥有 1.6 亿影迷注册用户，月活跃量达到 3 亿多，拥有庞大的影迷资源和范围最广的影视作品信息资源，豆瓣评分对后续观众对影视作品的选择具有非常大的影响。猫眼是中国最大的电影网络售票平台，买票观影后即可评分。猫眼评分反映的是普通观众的观影体验，专业性不如豆瓣强，但具有重要的影响力。时光网是集影视门户、在线售票、选座、衍生品等于一体的综合影视平台，拥有庞大的消费者参与群体，时光网以专业性见长，对影视作品的市场成功也具有较大的影响。

影视内容分发平台通过为影视公司提供院线平台，然后从中分成的方式，或者从影视公司购买版权，通过独立运营版权的方式实现影视作品的分发。分发平台的市场运营水平对影视作品的市场成功具有重要影响，如电视台的播放时段、广告设置、电视盒子优先推送、电影院线的排片率、档期安排等。电影院线在电影市场中具有非常重要的作用。截至 2017 年，我国电影院线达到 48 条，院线内包含影院 9293 家①。主要的院线有万达、

① 国家统计局社会科技和文化产业统计司，中宣部文化体制改革和发展办公室．文化及相关产业统计年鉴 2018［M］．北京：中国统计出版社，2018：153.

中影星美、上海联合院线、大地影院、中影南方、金逸影视、横店影视、中影数字、新影联、时代影院等。这些电影院线通过多功能、规范化的管理和服务，为观众提供越来越舒适的观影体验。

3. 衍生开发环节

衍生开发环节是在影视 IP 的基础上，将影视作品的市场价值延伸到周边产业。衍生开发以影视中涉及的文化符号为源头，通过商业运营拓展衍生品的形式与种类，使核心价值不断向出版、音像、动漫、网络、游戏、玩具、服装、广告、旅游、主题公园等关联产业扩展，创造出经济和审美的边际价值（阮南燕，唐月民，2011）。影视产业与相关产业共同组成“大影视”产业，进而形成一体化的产业集群和产业价值链。如横店影视城，地处浙江金华，江、浙、沪、闽、赣四小时交通旅游经济圈内，已经形成了集影视、旅游、度假、休闲、观光于一体的大型综合旅游区。影视产业和关联产业交叉销售、相互促进，延长了影视产业的价值链条，提高了产业的整体经济效益。

目前，我国影视作品收入的 90%～95% 都来自票房和广告植入，影视衍生品收入不到 10%。而美国影视作品收入只有 30%～40% 来自票房，衍生品、主题公园等版权运营收入占 60% 以上[①]。近年来，我国影视产业发展势头强劲，电影票房收入迅速增长。我国电影票房有望在 2020 年超过 1000 亿元，成为全球第一大票房国家[②]。但是，我国影视衍生开发环节仍然处于起步阶段，现有影视内容的衍生品形式还较为单一，缺乏在品牌授权基础上的深度衍生品开发与运营经验。

4. 全球价值链拓展环节

影视企业在价值创造过程中参与全球分工，向海外市场扩展。在影视产

① 根据中国产业研究院《2019—2025 年影视产业深度调研及未来发展现状趋势预测报告》数据计算得出。

② 智研咨询集团 . 2019—2025 年中国电影行业市场运行态势及投资战略咨询报告［R］. 2018.

品的具体制作过程中，立足于全球优质资源，采用全球分工的方式完成。例如，在附加值最高的创意策划环节，《哈利·波特》系列电影取材于英国的魔幻小说，《功夫熊猫》《花木兰》取材于中国传统文化，等等。在制作环节，采取在全球范围内融资、遴选演员、选择拍摄地、进行跨国技术合作、全球营销发行的方式进行运作。从国外影视企业的全球化运营情况来看，从创作策划开始，就要充分考虑电影符号的共通审美价值、目标市场客户群体、扩散网络等问题。在电影前期营销与正式上映的过程中，同步做好相应的衍生品开发与运营。近年来，我国影视产业在“引进来”的基础上“走出去”，进入海外电影、电视市场，取得了优异的成绩。

第二节　数字音乐产业

数字音乐是指通过数字化格式储存，通过网络传播，可以无限被复制、下载和播放的音乐形式，具有易制作、易储存、易复制、易传播的特点。根据传播网络的不同，数字音乐通常被划分为由互联网传播和电脑终端播放的在线音乐和由移动互联网传播和移动智能终端播放的无线音乐。从这一意义上讲，数字音乐区别于传统的以黑胶唱片、磁带、CD 唱片为载体的传统音乐（佟雪娜，2012）。数字音乐产业是指直接或间接从事数字音乐的创作、制造、传播、营销、服务的主体及其经营活动的总和（赵沛，2008）。

一、发展现状

截至 2018 年 12 月底，我国网络音乐用户规模达 5.76 亿人，较 2017 年 12 月底增加 2751 万人，占网民总体的比例达 69.5%。其中，手机网络音乐用户规模达 5.53 亿人，较 2017 年 12 月底增加 4123 万人，占手机网民总体的 67.7%[①]。

过去 20 年来，我国音乐产业发展经历了从传统 CD 介质音乐模式向数字音乐模式转变的过程。随着互联网，特别是移动互联网的高速发展，2014 年，移动客户端数字音乐平台大量出现，数字音乐产业市场规模迅速扩大。2015 年，国家加强对数字音乐版权问题的监管和整治，数字音乐产业从免费和盗版盛行的状态开始进入规范版权发展的新阶段，产业发展开始获得资本市场的关注，推动了数字音乐产业的快速发展。因此，2015 年被视为中国数字音乐正版化元年。2017 年，中央办公厅、国务院印发的《国家“十三五”时期文化发展改革规划纲要》中，将数字音乐产业列为国家新兴战略文化产业，产业投融资规模随之迅速扩大。政策支撑和市场环境的优化，为数字音乐产业的迅速发展提供了坚实的基础。

2018 年 2 月，国家版权局推动腾讯音乐与网易云音乐达成版权合作协议。此后，主要互联网音乐平台在版权方面不断加强合作关系，在全行业内形成了良好的版权共享态势，有力地促进了数字音乐正版化的进程。2018 年 10 月，国际唱片业协会发布的《音乐消费者洞察报告》显示，高达 96% 的中国消费者使用了正版音乐，远高于 62% 的全球平均水平[②]。

数字音乐平台的收入结构主要包括广告收入、版权运营和消费者付费三个方面。2018 年，中国数字音乐市场规模达 76.3 亿元，但作为数字音乐消费主渠道的数字音乐平台付费率只有 5.3%[③]。数字音乐平台的广告运营变现能力较弱，为了保证用户的音乐体验，广告只能限制在音乐 APP 开

① 此处使用网络音乐用户规模数据近似观察数字音乐用户总体规模情况。数据来源：中国互联网络信息中心 . 第 43 次《中国互联网络发展状况统计报告》[R / OL] . [2019-02-28] http://www.cac.gov.cn/2019-02/28/c_1124175677.htm.

② 中国互联网络信息中心 . 第 43 次《中国互联网络发展状况统计报告》[R / OL] . [2019-02-28] http://www.cac.gov.cn/2019-02/28/c_1124175677.htm.

③ 中国产业信息网 . 2018 年中国移动音乐市场现状及发展趋势分析 [EB/OL] . https://www.chyxx.com/.

屏、banner 等范围内，因此对音乐版权的保护、转让、多元化运营，以及消费者对版权的付费意识依然是我国数字音乐产业发展的主要制约因素。

总体而言，我国数字音乐产业的发展仍然处于起步阶段，但产业增长速度明显高于世界平均水平，具备良好的发展前景。数字音乐产业作为数字创意产业的重要子产业形态，吸引了大量的互联网平台企业进入，呈现出激烈的市场竞争态势。数字音乐产业的市场竞争格局符合典型的“二八效应”法则，即头部寡头企业占据大部分的市场份额，基于细分需求的尾部市场空间较小。但是数字音乐产业是一个进入门槛较低，用户感受依赖较高的领域，能够让用户耳目一新，乐于接受的优质内容和商业模式往往能够打破“长尾效应”，产生新的利基市场。此外，近年来数字音乐的表现形式开始由单纯音频朝短视频的方向发展，原创音乐短视频可能会给行业发展带来新的机遇。

二、运行模式

从产业实践来看，数字音乐产业的运行过程主要包括内容提供、平台分发和衍生开发三个主要环节。

1. 内容提供环节

数字音乐产业的内容提供环节主要涉及音乐制作团队、唱片公司、音乐版权提供商等主体。

第一，音乐制作团队。音乐制作团队是数字音乐内容创意和制作的核心，音乐的创意程度、文化内涵、审美价值等直接决定着数字音乐的市场价值。在现代信息化社会，音乐制作团队与消费者之间的关系发生了深刻变化，创意意识流从单向转向双向、多向，形成多元互动网络。在音乐消费模式上，以往用 CD 捆绑音乐的销售模式已难以为继，消费者可以搜索、筛选、选择自己喜欢的单曲，甚至可以剪辑、再创造音乐或者片段。总之，音乐制作团队决定消费内容和消费模式的时代已经过去，音乐制作团队必须抓住消费者的细微审美偏好，才能使作品被市场接受。

第二，唱片公司。唱片公司的主要作用是将音乐制作团队的创意通过录制、制作等变成新歌，并由此垄断新歌版权，然后将版权出售给电信运营商、数字音乐平台、电视电影制作机构等分销商。唱片公司的业务包括音乐制作、唱片印刷、唱片出版、明星包装、宣传推广、演出经纪、版权代理等。在实际运行过程中，作为词曲版权和录音版权持有者的音乐制作团队始终会保留部分版权，但是唱片公司在音乐版权的价值实现中起着关键性的作用。

第三，音乐版权提供商。依据国际公约和我国版权法，数字音乐版权是指音乐制作团队对其数字音乐作品享有著作权法保护的权利。数字音乐的版权内容主要包括音乐的词、曲和录音版权，收听、下载、翻唱、改编等都需要为版权支付费用。音乐制作团队也可以主动将版权授予他人，如网络传播权、复制权、表演权等。版权的执行主体主要包括音乐行业协会、唱片公司、版权代理公司、数字音乐平台等。版权的客体主要包括大众消费者、影视公司、游戏公司等。消费者对数字音乐版权的付费形式主要有下载付费，强制性广告，收视率、点击率贡献等，版权执行主体根据收益贡献率进行分成。

2. 平台分发环节

平台是数字音乐价值链的重要环节和利益相关者。除了极少数独立音乐人通过自己的工作室发布作品，绝大多数音乐人都是通过签约唱片公司进行商业运营，通过各类平台分发音乐作品。平台主要包括网络音乐平台、电信运营商、电视、电影、游戏、综艺节目、音乐节等。随着信息化时代人们消费习惯的转变，在所有音乐分发平台中，网络音乐平台成为数字音乐分发规模最大的载体，已经占到了 70% 以上的市场份额[①]。目前我

① 中国产业研究院 . 2019—2025 年中国音乐行业深度调研及发展策略研究报告［R］. 2019.

国的网络音乐平台主要有QQ音乐、酷狗音乐、酷我音乐、百度音乐、网易云音乐、阿里虾米音乐等，总体上形成了腾讯一家领先，多家追赶的市场格局[①]。除了储存和分发数字音乐的主营业务以外，数字音乐平台还利用自身接近客户、拥有大数据资源的特殊优势，开展发掘音乐人、鼓励原创歌曲、对接线下音乐活动等商业活动，成为音乐版权运营的重要主体。

3. 衍生开发环节

基于IP的衍生开发是数字音乐产业发展的重要趋势，IP衍生开发能够带来很高的附加值，也是一种重要的分销方式。优质IP已经成为电影、电视、动画等领域抢夺的资源，“音乐+”模式成为企业价值增值的重要来源。目前数字音乐的IP衍生开发主要有三种方式。第一，将许多耳熟能详的音乐改编为电影、电视、音乐剧、游戏等，如《栀子花开》《同桌的你》《后来的我们》《不能说的秘密》《一生有你》《蒲公英的约定》《盛夏的果实》《心太软》，以经典歌曲为核心主题和风格进行创作，根据剧情需要加入其他新创歌曲，同时连带推销新创歌曲。第二，歌曲与电影、电视剧同时创作并进行分发，相互增值促进，如《那些年我们一起追过的女孩》《菊花台》《蝴蝶》等。第三，将数字音乐注入多样化的线下体验场景，如音乐餐厅、音乐酒吧、音乐咖啡、音乐滴滴、音乐骑行、音乐节等，使数字音乐产业与相关产业实现深度融合，延长产业价值链，构建线上、线下闭环的价值链，创造更多的附加价值。

第三节　数字出版产业

数字出版又被称为网络出版。网络出版物，是指通过信息网络向公

① 艾瑞咨询 . 2018年中国数字音乐消费研究报告［R］. 2018.

众提供的，具有编辑、制作、加工等出版特征的数字化作品，范围包括：第一，文学、艺术、科学等领域内具有知识性、思想性的文字、图片、地图、游戏、动漫、音视频读物等原创数字化作品；第二，与已出版的图书、报纸、期刊、音像制品、电子出版物等内容相一致的数字化作品；第三，将上述作品通过选择、编排、汇集等方式形成的网络文献数据库等数字化作品；第四，国家新闻出版广电总局认定的其他类型的数字化作品[①]。本书讨论的数字出版物范围主要指上述前三种类型。

一、发展现状

2008 年开始，国家大力扶持数字出版产业，建设数字出版基地，为数字出版企业提供政策扶持和服务，如提供办公场所、税收减免和费用补贴等。政策支持成为数字出版发展的重要推动力。国家新闻出版总署先后批准建立上海、广东、江苏、华中等 13 个国家级数字出版基地，并通过设立国家出版项目基金对出版企业进行孵化和扶持。在国家扶持和技术变革的推动下，中国数字出版产业的市场规模迅速扩大，2014 年达到近 30 亿元，2017 年超过 40 亿元，预计 2020 年将超过 70 亿元[②]。经过多年发展，我国社会公众已经逐步接受了数字阅读的新型阅读方式。数字阅读已经成为与传统纸媒阅读同等重要的阅读方式之一。数字技术进步和社会信息化变革大大提高了公众的数字阅读需求，从根本上讲，这一需求是推动数字出版产业发展的原动力。

第一，西方发达国家的数字出版技术、产业发展很快，给我国出版业的转型造成了很大的压力。2008 年，国家新闻出版总署设置了科技与数字出版司，针对数字出版出台了一系列相关政策和文件，并推动国家数字

① 国家新闻出版广电总局，工业和信息化部 . 网络出版服务管理规定［EB/OL］. http://www.cac.gov.cn/2016-02/15/c_1118048596.htm.

② 艾瑞咨询 . 2018 年中国数字出版行业研究报告［R］. 2018.

复合出版工程，扶持企业建设内容资源数据库、技术研发和数字出版软件工程项目，推进数字出版新技术的运用，规范数字出版的技术标准、内容标准、格式标准，支持文字、图形、视频、有声书、深度阅读、碎片化阅读、检索式阅读等多种新型阅读方式，为消费者提供通用、简洁、美观、个性、方便的阅读内容。

第二，随着互联网技术、通信技术、流媒体技术的发展，手机、平板电脑、电子书阅读器等数字呈现媒介的运用普及，数字出版 APP 大量涌现，屏幕技术、彩色墨水技术的进步，改变了公众的消费习惯和阅读模式，提升了公众数字阅读的意愿，为数字出版提供了广阔的市场需求。

第三，监管部门对知识产权的保护力度不断加强，为产业发展和创新提供了基础保障。在数字出版条件下，复制的便捷性和零成本使侵权问题更加隐蔽和突出。随着国家数字版权保护技术研发工程、国家知识资源数据库工程建设的发展，中国"学术不端文献检测系统"的建构和不断升级更新，为通过数字化方式出版知识产权提供了关键性支撑，从根本上打破了盗版、抄袭、转载横行的困局。数字出版的收入来源也由前期主要依靠广告收入，转变为当前广告收入、读者付费收入、阅读器硬件销售收入共同支撑的良好态势。

第四，随着货币电子化，支付形式多样化，支付方式便捷化的深入推进，支付宝、微信支付、指纹支付、刷脸支付、连续包月、碎片化购买、按时计费等灵活多样的支付方式大范围普及，大大提升了消费者对正版数字内容的付费率。为正版数字出版物付费的消费者越多，知识创造的积极性就越高，出版内容的差异化程度才越高，数字出版的边际成本和收费也就越低，创意者和消费者的总福利也就越高，从而形成产业发展的良性循环态势。

中国成年人的数字化阅读接触率已经从 2008 年的 24.5%、2010 年的 32.8%、2012 年的 40.3%、2013 年的 50.1%，提高到 2016 年的 68.2%，有望到 2020 年突破 80%[1]，呈现出稳步上涨、逐步普及的发展态势。由此可见，我国数字出版产业发展仍然具有非常大的市场潜力。

二、运行模式

从产业实践来看，数字出版产业的运行过程主要包括内容提供、平台分发、终端使用三个主要环节。在内容提供环节已有一批具有很强实力的国家级出版社。在平台分发环节有 QQ 阅读、微信阅读、京东阅读、当当云阅读、网易云阅读等拥有较大客户规模的阅读平台。在终端使用环节，也出现了一批具有一定实力的电子书阅读器生产企业。我国数字出版业已经初步形成了较为完整的，包括内容创作者、出版社（公司）、报纸杂志社、数字制作与技术支持公司、内容运营商在内的产业体系。

1. 内容提供环节

数字出版的内容提供环节主要由出版社或出版公司来完成。出版社（公司）通过作者签约或者购买国外图书版权等形式，获得内容 IP，再与数字出版平台签约或者设立自身的数字出版平台，实现电子书与纸质图书的同步出版。在数字出版发展的早期阶段，出版社由于担心电子书的低价会影响纸质图书的销售，因而对数字出版持消极态度。但是随着智能终端的普及、公众消费习惯的改变以及数字出版平台的积极推动，出版社已经开始积极投入到数字出版业务及市场竞争中。

值得注意的是，近年来电子书 APP 逐步成为数字出版的重要载体与内容形态。许多出版社制作电子书 APP，通过软件应用商店进行分发。与纸质图书不同，电子书 APP 可以为用户提供文字、图片、音频、视频在内的多媒体集成内容，并为用户提供了丰富的交互工具，为消费者带来全新的

① 中国新闻出版研究院 . 第十四次全国国民阅读调查报告［R］. 2017.

阅读体验，特别适合于儿童类、普及类出版物的制作与发行。电子书 APP 已经成为数字出版的新技术载体和重要细分市场，自 2010 年苹果发布首款 iPad 以后，第一批电子书 APP 进入市场，开启了电子书 APP 的新市场。截至 2018 年 7 月，我国电子书 APP 用户规模达 3.34 亿，人均安装 1.54 款，并以每年 8% 左右的涨幅不断增加新的客户[①]。

2. 平台分发环节

数字出版平台（Digital Publishing Platform）也叫数字出版云平台，或者数字出版分发平台，是利用互联网、云计算等技术，为大众提供数字图书馆、内容管理、在线阅读、在线教育、电子商务等服务的在线平台。数字出版平台整合协调出版社（公司）、渠道商、消费者等价值链节点的相互关系，承担数字出版内容规划、内容发行、版权运营等核心功能。

目前，我国的数字出版平台可分为以下 6 类：

第一，电信运营商平台。如天翼阅读、咪咕阅读、沃阅读等，与手机厂商合作，预安装应用，以话费扣除的方式获取手机阅读用户。

第二，电子商务平台。如亚马逊、京东、当当等，本身就是品牌电商平台，拥有巨大的纸质图书供销网络，利用其品牌和渠道优势进行电子书分销，在电子出版物分销方面具有巨大优势。

第三，社交平台。如豆瓣、知乎等，这类平台利用自身社交互动优势，推出豆瓣阅读、知乎书店等平台，在互动和社交过程中精确把握客户需求，被社会公众广泛接受。

第四，移动阅读平台。如 QQ 阅读、微信读书、掌阅等，利用智能手机、平板电脑、笔记本电脑等移动智能设备的普及和本身拥有的客户规模优势，获取大量核心客户。

① 极光大数据：电子书 APP 行业报告［EB/OL］. https://www.jiguang.cn/.

第五，数字报纸杂志平台。在实体报纸杂志机构进行内容授权的前提下，专门从事各报纸杂志分发和订阅的综合性平台。还有一类是传统出版机构运营的多媒体出版平台。

第六，专业学术平台。如中国知网、万方数据库等，主要为学术研究、教育等应用场景提供权威、专业的学术性数字阅读资源。除此之外，百度文库、豆丁也属于学术和教育平台，但是其功能更倾向于进行大众化的学术和教育交流。

总体上看，我国的数字出版平台主要是依托已有的渠道或客户资源建立起来的。与国外优势平台相比较，平台、出版社（公司）、客户之间的互动性不强，平台竞争差异化不明显，平台优势不突出。近年来，为了提升自身价值链的完整性，各大平台向市场推出了自己的电子书阅读器产品，意图构建“硬件 + 内容”的价值生态，并在优化排版、语音书、互动交流等方面进一步实施差异化竞争[①]。

3. 终端使用环节

数字出版的终端使用环节主要是指电子书阅读器硬件产品的生产、销售与使用。电子书阅读器（e-book device，e-book reader）是一种采用液晶显示器或者电子墨水屏技术，阅读体验接近纸张，可以阅读TXT、JPG、BMP、HTML、PDF、DOC、EPUB、DJVU、CHM 格式，以及 RAR、ZIP、PPT 等格式的消费电子终端产品。相较于手机、电脑、电视等硬件终端，电子书阅读器具有超大储量、超长续航、护眼、沉静式阅读、支持手写等功能。中国市场第一款电子书阅读器出现在 2000 年，到 2008 年实现了电子书阅读器接触率 1% 的突破。电子书阅读器市场在发展的早期，存在数字内容不足、盗版严重、用户体验一般等问题，导致行业发展缓慢。2007 年，亚马逊（Amazon）在全球市场内推出电子书

① 艾瑞咨询 . 2018 年中国数字出版行业研究报告［R］. 2018.

阅读器 Kindle，并在 5.5 小时之内销售一空，从而开创了电子书阅读器市场竞争的热潮。2013 年，亚马逊阅读器 Kindle 进入中国市场，并配套实施“内容 + 终端 + 渠道”的商业模式，激发了中国市场对电子书阅读器的巨大需求，也拉开了中国电子书阅读器厂商与出版社（公司）合作、布局电子阅读器市场的序幕。国内制造商先后推出了汉王电子书、当当网“都看”、掌阅 iReader 电子书、京东“JDRead”、QQ 阅读器、海尔电纸书 TOPSIR 等产品。但是相关产品同质化较严重，功能单一，成本较高，电子纸技术没有取得重大突破，电子阅读器的区别性功能没有凸显，市场增幅依然不大。2013—2017 年，电子书阅读器市场仅保持 5% 的增幅。[①]

从长远来看，无纸化是未来市场发展的大趋势。由于手机、平板电脑等终端产品对视力伤害大、网络信息干扰因素多、不利于深度阅读等固有问题，电子阅读器仍然具有很大的市场潜力，特别是在教育、科研等细分领域更加具有优势。随着数字出版技术的升级、产业价值链的完善和人们阅读习惯的改变，电子书阅读器仍然拥有持续发展的空间。

---

① 数据来源：中国产业研究院 . 2018 年电子书阅读器市场前景研究报告［R］. 2018.

第七章　数字创意产业发展的典型产业形态——新兴产业

除了从传统内容产业转型而来的子产业，数字创意产业还有一部分子产业是在数字技术和互联网高速发展的背景下，新近产生和逐步形成的，或者是以原有产业为基础，裂变融合升级而形成的。基于学理性的划分，本书把这部分子产业称为数字创意产业的新兴子产业形态，主要包括动漫游戏、网络文学、网络视频、虚拟现实产业等。

第一节　动漫游戏产业

动漫游戏产业是在传统的动画、漫画产业基础上，通过数字技术改造和互联网价值连通而产生裂变升级，与游戏产业融合发展而形成的。动漫游戏产业是指以动画、漫画、游戏的设计、开发、生产、营销、出版、播出、IP 衍生运营为主要经营内容的整合性产业体系。

一、发展现状

1. 游戏产业发展情况

2018 年，我国游戏市场用户总规模达 6.26 亿人，同比增长 7.3%。实际销售收入达 2144.4 亿元，同比增长 5.3%，占全球游戏市场比例约为 23.6%。其中，我国自主研发的网络游戏产品的实际销售收入达 1643.9 亿元，同比增长 17.6%[①]。我国游戏市场主要由移动游戏[②]、客户端游戏[③]、网页游戏[④]、家庭游戏机游戏、单机游戏、社交游戏六大细分市场构成。2018 年，我国移动游戏产品实际销售收入达 1339.6 亿元，占比为 62.5%。客户端游戏产品实际销售收入达 619.6 亿元，占比为 28.9%，两者合计占比达 91.4%。2018 年，我国游戏产业从业人员约为 145 万人，其中 72.4% 的从业者分布在北京、上海、成都、深圳、广州。从我国游戏上市企业的地域分布来看，2018 年，我国共有 199 家游戏企业在 A 股、港股和美股上市。其中，广东有 44 家，占比 22.1%；北京有 39 家，占比 19.6%；上海有 21 家，占比 10.6%[⑤]。

近年来，游戏产业在自身发展的同时，逐步发展出电子竞技和游戏直播两个关联产业领域。2018 年，我国电子竞技用户规模达 4.28 亿人，较 2017 年增长 17.5%。电子竞技游戏市场实际销售收入达 834.4 亿元，较 2017 年增长 14.2%。2018 年，我国游戏直播用户规模达 3 亿人，较 2017 年增长 38.5%。游戏直播市场实际销售收入达 74.4 亿元，较 2017 年增长 107.2%[⑥]。

我国游戏产业在海外市场拓展方面取得了不错的成绩。2018 年，我国自主研发的网络游戏产品海外市场实际销售收入达 95.9 亿美元，同比增长 15.8%。在出口的收入排名前 50 的移动游戏产品中，属于我国原创 IP 的游戏收入占比达 82.2%[⑦]。这说明我国游戏产业整体的自主创新能力明显提

---

① 中国音数协游戏工委（GPC），CNG 中新游戏研究（伽马数据），国际数据公司（IDC）.2018 年中国游戏产业报告［EB/OL］. http://www.cgigc.com.cn/gamedata/20752.html.

② 移动游戏是指以手机等移动智能终端为运行载体，通过信息网络供公众下载或者在线交互使用的游戏作品。

③ 客户端游戏是指以电脑为载体，通过运行客户端软件进行使用的游戏产品。

④ 网页游戏是指用户可以直接通过互联网浏览器使用的网络游戏，不需要安装任何客户端软件。

⑤⑥ 中国音数协游戏工委（GPC），CNG 中新游戏研究（伽马数据），国际数据公司（IDC）.2018 年中国游戏产业报告［EB/OL］. http://www.cgigc.com.cn/gamedata/20752.html.

⑦ 中国音数协游戏工委（GPC），CNG 中新游戏研究（伽马数据），国际数据公司（IDC）.2018 年中国游戏产业报告［EB/OL］. http://www.cgigc.com.cn/gamedata/20752.html.

高。我国游戏产业与国际游戏产业的合作也在不断加深。我国游戏企业在海外组建本地化的开发、营销、运营团队，与谷歌、脸书等全球重要应用软件分发平台建立了长期的合作关系。2018 年，腾讯、网易、完美世界等企业分别与育碧（Ubisoft）、Valve 等国外游戏巨头达成战略合作协议，进一步完善自身在海外市场的战略布局。

2. 动漫产业发展情况

2017 年，我国共有动漫企业 545 家，从业人员 24466 人，原创漫画作品 10588 部，原创动画作品 4979 部，实现营业收入 95.85 亿元，实现营业利润 6.09 亿元[①]。广东、福建、湖南、上海、湖北、北京、安徽、浙江、江苏、江西动漫企业实现营业收入排名全国前十位，具体情况如表 7-1 所示。

表 7-1 营业收入排名前十各省市动漫企业基本情况（2017）[②]

地区	企业数（家）	从业人员（人）	营业收入（万元）	营业收入占比（%）	原创漫画作品（部）	原创动画作品（部）
广东	55	7095	279557	29.17	2538	2454
福建	40	1803	149114	15.56	4681	163
湖南	24	1303	83367	8.70	469	359
上海	26	1526	77096	8.04	322	74
湖北	13	1363	59804	6.24	20	81
北京	66	1661	49740	5.19	331	150
安徽	21	1604	48293	5.04	86	276
浙江	24	991	48264	5.04	458	128
江苏	77	1638	31305	3.27	44	218
江西	19	647	29400	3.07	6	41
全国	545	24466	958535	100.00%	10588	4979

①② 国家统计局社会科技和文化产业统计司，中宣部文化体制改革和发展办公室．文化及相关产业统计年鉴 2018［M］．北京：中国统计出版社，2018：196，197.

动漫游戏产业的发展得到了各类资金的有力支持。2015 年国家对盗版的整治和知识产权保护力度的加强，推动了动漫游戏产业发展步入健康的轨道，动漫游戏公司开始受到社会资本的高度关注，投融资总体规模不断扩大。目前，动漫游戏产业的主要投资者是互联网平台企业和影视公司，互联网平台企业主要有腾讯、网易、爱奇艺、哔哩哔哩等，影视制作公司主要有万达传媒、光线传媒等，它们将动漫游戏作为本企业整体价值链布局中的重要一环，看好动漫游戏产业的市场前景。

二、运行模式

从产业实践来看，动漫游戏产业的运行过程主要包括内容提供、平台分发、衍生开发三个主要环节。内容提供环节主要包括原创漫画、动画、游戏等内容制作公司。平台分发环节主要包括应用商店、漫画杂志、电视台、电影院线、互联网络视频平台、网络漫画平台等。衍生开发环节主要包括衍生品设计公司、玩具、服装、饰品、主题公园等。从盈利结构来看，动漫游戏产业的盈利主要来自用户付费、广告、IP 授权、杂志销售等。

1. 内容提供环节

动漫游戏内容生产主要包括创意与制作两个阶段。其中，创意阶段的成果主要表现为漫画手稿、动画脚本、游戏脚本等形态，用于设定故事背景、主要角色、人物关系、故事线索、矛盾冲突等基本内容要素。在制作阶段，主要是以平面二维、立体三维、动画特效、软件程序等为载体和手段，表现创意与故事情节的过程。在具体的创意制作流程上，主要涉及策划、脚本、原画、色彩指定、建模、动作设定、场景、特效合成、剪辑、编码等环节。涉及动漫设计制作公司、数字媒体及多媒体设计公司、影视特技公司、影视广告公司、游戏公司、电视台等多个经营主体。

动漫游戏产品的创意水平和制作质量是其市场竞争力的核心。近年来，我国动漫游戏产业界涌现出腾讯、网易、盛大、华强、原创动力、奥飞、巨人、绘梦、玄机、彼岸天、十月数码、网龙、原力、若森、视美等一批代表性企业。2012 年成立的腾讯动漫，已经成为动漫游戏领域的重要内容提供商，打造了多个知名的动漫品牌 IP。腾讯动漫投入大量的资本进行动漫游戏的开发，鼓励原创和精品化产品生产，将不断形成的动漫 IP 纳入整体价值链，整合资源，跨界合作，形成以创意为核心的“内容驱动 + 设计驱动 + 产业驱动 + 商业驱动”的综合发展模式，打造“超级 IP”，放大 IP 价值和衍生价值。①

2. 平台分发环节

动漫游戏内容的分发平台较为多样化，不同的内容形态具有不同的分发平台。动画电影、电视剧的分发平台主要是传统的电影院线和电视频道。漫画的分发平台分为实体平台和网络平台两种。实体平台主要是传统的书刊报纸等纸质出版物，网络平台主要是专业漫画网站或动漫 APP，如腾讯、哔哩哔哩等。游戏产品的分发平台根据具体的产品形态有多种类型，主要有游戏运营商、专业网站、在线应用商店等。

对客户端游戏而言，游戏运营商在价值链环节中起着重要的平台中介作用。我国主要的游戏运营商包括腾讯、网易、盛大、畅游、完美世界、联众、巨人、世纪天成、光宇等企业。对移动游戏软件而言，主要是通过基于开放式 Android 系统的第三方主流应用商店和基于封闭式 iOS 系统的苹果应用商店进行分发。截至 2018 年底，我国市场上监测到移动应用程序（APP）在架数量为 499 万款，其中，我国本土第三方应用商店上架 APP 数量超过 268 万款，占比为 59.7%，苹果应用商店（中国区）上架 APP 数量约 181 万款，占比为 40.3%。在所有的上架 APP 中，游戏类 APP

① 2018 动漫游戏产业创新发展良渚峰会举行［EB/OL］. https://zj.qq.com/a/20180329/021136.htm.

的数量达 138 万款，占总体应用数量的 30.7%。①

动漫游戏内容的消费者具有明显的年轻化特征，因此动漫游戏的互联网分发平台常常具有较为明显的社交属性。如哔哩哔哩网站，是当前我国最活跃的二次元文化社区之一。注册用户平均每人每天使用网站超过 70 分钟，每分钟在线发送弹幕的用户超过 1.2 万，平均每天发送的弹幕超过 210 万条。到目前为止，哔哩哔哩已经形成了 200 多万个典型文化标签，7000 多个动漫游戏文化核心圈层。②

3. 衍生开发环节

从 2004 年国家广电总局出台《关于发展我国影视动画产业的若干意见》开始，在国家政策支持和产业发展的推动下，我国动漫游戏产业的价值链不断扩展和完善，动漫游戏的衍生品市场逐步发育。衍生品市场是非常重要的盈利市场。从国际市场来看，动漫游戏产业 70% 以上的盈利来自基于 IP 授权的衍生品开发，是投资方收回成本、获取利润的主要渠道。2017 年，我国动漫衍生品的市场规模达 764 亿元，是内容市场的 2 倍。而日本动漫衍生品市场规模则已经达到内容市场的 8～10 倍，这说明我国动漫游戏产业的衍生品市场发展还具有巨大的潜力。③

动漫游戏衍生产品的形式和类型是非常多样的，如图书、音乐、玩具、文具、工艺品、服饰、食品、饮料、情境游戏、主题公园等。动漫游戏衍生产品开发的前提是消费者对动漫游戏作品本身的喜爱，衍生品的实质是消费者对动漫游戏人物和符号的情感承载，满足人们亲近角色和再现场景的心理需求。动漫形象在获得消费者的喜爱和广泛传播以后，可以通过一个市场运营过程逐步实现品牌化或 IP 化。从根本上看，动漫 IP 的核心竞争力仍然取决于其文化内涵和创意水平，创意水平的高低决定了其市

① 中国互联网络信息中心 . 第 43 次《中国互联网络发展状况统计报告》[R / OL] . [2019-02-28] http://www.cac.gov.cn/2019-02/28/c_1124175677.htm.

②③ 艾瑞咨询 . 2018 年中国动漫行业报告 [R] . 2018.

场附加值的大小。在实现 IP 化以后，可以通过品牌授权机制，实现向相关产业的渗透与价值传递。在产业实践中，动漫游戏内容的 IP 化与品牌授权常常是并行推进的，以发挥相互促进的作用。当前，我国品牌授权市场总体上还处于发展的初期阶段，还需要进一步的培育。

第二节　网络文学产业

网络文学是指以互联网作为传播媒介，借助超文本链接和多媒体技术呈现的文学作品。网络原创小说是网络文学的主要表现形式，此外，还有一部分诗歌、散文、日记、杂文等。网络文学涉及内容丰富，文学类型层次多样，能适应各类不同消费需求的网络读者，已经成为公众精神消费的重要形式。

一、发展现状

截至 2018 年 12 月底，我国网络文学用户规模达到 4.31 亿人，较 2017 年 12 月底增加 5427 万人，占网民总体的 52.1%。其中，手机网络文学用户规模达 4.10 亿人，较 2017 年 12 月底增加 6666 万人，占手机网民的 50.2%①。中国网络文学产业的发展先后经历了广告收入、VIP 收费制度、作家福利制度、粉丝制度、线上“打赏”制度等阶段。近年来，我国网络文学产业开始进入以跨界融合、版权开发运营为主要特征的新发展阶段。例如，在最为重要的内容创作环节，网络文学与电影、电视、网络视频的联动与融合大大加强。同时，在网络文学企业的整体收入结构中，版权运营收入持续高速增长，已经成为与付费阅读收入、广告收入同等重要的第

① 中国互联网络信息中心 . 第 43 次《中国互联网络发展状况统计报告》[R / OL]. [2019-02-28] http://www.cac.gov.cn/2019-02/28/c_1124175677.htm.

三大收入来源。

中国网络文学行业的规范化发展与行业核心企业之间存在深刻的联系。2015 年，国内最大的两个网络文学平台——腾讯文学和盛大文学合并组建了阅文集团，成为引领我国网络文学行业正版阅读和 IP 培育的主要平台。阅文集团旗下包括 QQ 阅读、起点中文网、创世中文网、云起书院、起点读书、起点女生网、起点国际（Webnovel）、红袖读书、红袖添香、天方听书、华文天下、榕树下、悦读网、新丽传媒等网络文学品牌。到目前为止，阅文集团拥有近 770 万名签约作者，1120 万部作品，数亿用户，已将《琅琊榜》《择天记》等成功网络文学作品进行 IP 开发和运营，将价值链延伸到影视、话剧、动漫、游戏、有声书等多种业态，实现了 IP 价值的多层次迭代增值，建立了“在线业务 + 版权运营”的复合型盈利模式，构建了作者、读者、平台三者共赢的产业生态圈。

二、运行模式

从产业实践来看，网络文学产业的运行过程主要包括内容提供、平台分发、衍生开发三个主要环节。

1. 内容提供环节

近年来，我国网络文学的原创作者数量猛增，2015 年达 480 万名，2016 年达 602 万名，增长 25.4%，2017 年达 784 万名，增长率为 30.2%[①]。网络文学作者的数量增加，为网络文学作品的增加和优质 IP 的形成奠定了坚实的基础。在网络文学的内容创作环节，各个网络文学平台持续加大对作者的扶持力度，发掘优秀青年作家，打造优质内容。总体而言，当前网络文学作品的创作呈现出如下特点：

（1）作者年轻化，作品题材涵盖面广。网络文学的作者普遍年轻化，

① 艾瑞咨询 . 2018 年中国网络文学作者白皮书［R］. 2018.

“90后”作家占比超过一半，部分“00后”作者也逐渐成长和成熟。网络文学产业的进入门槛低，作者和读者之间没有明确的区分，每十个读者中就有一个作者。网络文学题材涉及面广，主要涉及武侠、职场、科幻等领域。近几年，新的细分领域的题材不断涌现，如明星、游戏、美食、宠物、旅游等，满足了更多读者的差异化需求。

（2）精品内容是网络文学平台的核心竞争力。近年来，大量网络文学作品被上传到各类平台，各种水平的作品充斥市场，一些作品在语言和逻辑上经不起推敲，被许多人诟病只是一种“快餐文化”。但是在市场竞争的大浪淘沙中，一些优秀的作品依然脱颖而出，如《紫川》《星辰变》《斗罗大陆》等，因此精品内容是网络文学的核心竞争力。此外，与传统文学竞争态势不同，网络文学领域的竞争屏蔽了作者知名度、出版社等级、名家推荐等因素，竞争的核心因素回归到了作品质量上。在大浪淘沙的市场竞争中，只有高质量的网络文学作品，才能得到读者的认可，这样才能引领产业发展。

（3）作者的创新能力不断提升，网络文学创作水平不断提高。一是网络文学作家的创新能力不断提高，不断脱颖而出的优质作品和网络文学IP的吸引能力和延伸价值在也在不断提高。二是作者更倾向于发现和选择读者期待的题材类型，愿意尝试各种新题材，年轻的作者在题材选择和内容创新上都表现出前所未有的活力，提升了网络文学的整体创新水平。三是主要的网络文学平台都重视对作者的培育，它们将签约的作者按照大数据建立星级制度，采取细化措施发掘、孵化有潜质的作者，推动网络文学的高质量发展。

2. 平台分发环节

分发平台是整个网络文学价值链的关键环节，具有孵化作者、优质内容出版、IP培育、IP衍生开发等功能，是扶持和推动网络文学产业发展的重要主体。我国网络文学作品分发平台主要有阅文集团和掌阅文学、阿里文学、完美世界、中文在线等，它们旗下都拥有多个优质知名的网络文学网站。下面以阅文集团、掌阅文学和阿里文学为例，分析当前网络文学的平台分发环节。

（1）阅文集团。阅文集团由原腾讯文学和盛大文学于 2015 年合并而成，是国内最早推出 VIP 付费阅读的平台。阅文集团旗下的网络文学网站包括 QQ 阅读、起点中文网、起点女生网、云起书院、创世中文网、红袖添香等，近几年每年支付给签约作者的稿费就超过 10 亿元，占据了网络文学最大的市场份额，孵化了大量的“白金作者”，销量订阅屡次破纪录。截至 2018 年 12 月，阅文集团的平台已经有签约作者 770 万名，储书量达到 1120 万部，触及数亿用户。[①] 平台的核心业务是吸引、培育、孵化网络文学作者，发掘潜力作者，制订系统的作者培训和培育计划，为作者进行用户分析和粉丝运营提供多渠道的营销支持，帮助实现作者和作品的品牌化，寻找合作方进行作品 IP 开发等，已经建立了针对不同阶段作者的个性化培养体系。平台已经成功打造了《琅琊榜》《全职高手》《步步惊心》《将夜》等网络文学原创 IP，并将 IP 注入影视、动漫、游戏等多种业态的内容产品，成功实施了包括作者、作品、读者、IP 开发商在内的“在线业务 + 版权运营”双轮驱动的网络文学全生态战略。

（2）掌阅文学。掌阅文学是手机阅读平台掌阅科技于 2015 年成立的网络原创文学平台，旗下包括掌阅文化、杭州趣闻、红薯网等，近几年每年支付给签约作者的稿费超过 3 亿元，是仅次于阅文集团的原创网络文学平台。2017 年，掌阅的签约作者达 1.5 万名，其他类型的作者近 4 万名，年收入超过百万的职业网络作者超过 40 位[②]。在作者和作品的筛选和培育方面，掌阅实施“精品”战略，签约优秀的原创作者，包装优质的文学作

① 阅文发布全年业绩公告 有 770 万位作家和 1120 万部作品［EB/OL］. https://baijiahao.baidu.com/s?id=1628335664324293876&wfr=spider&for=pc.

② 掌阅文学 2017 年成绩单出炉 年电子收入过百万作者超 40 位［EB/OL］. http://book.people.com.cn/n1/2018/0202/c68880-29803085.html.

品，将优秀的作品提供给消费者，重视提升消费者的品牌忠诚度。在青年作者的培育方面，掌阅通过定期的“文学创作”大赛，发掘和培育有潜力的青年作者，用大额的奖金资助青年作者，遴选优秀作品进行包装、上线和推广。在 IP 开发方面，掌阅主要是寻找合作方和渠道，出售优秀作品的改编权，由专业的 IP 开发公司进行衍生品开发运营，实现价值网的扩张和增值。

（3）阿里文学。阿里文学是阿里巴巴文学的简称，是阿里巴巴 2015 年推出的新业务，隶属于阿里巴巴文化娱乐集团。阿里文娱的主要业务包括 UC、优酷、土豆、阿里影业、阿里音乐、阿里游戏、数字娱乐，以及新成立的阿里文学[①]。阿里文学的主要业务包括网络文学内容生产、合作引入、文化 IP 衍生开发、经济粉丝运营等，建立起开放的文学产业生态。[②]为了构建阿里文娱 IP 培育的主要基地，阿里文学在作者、作品打造和 IP 开发方面进行了一系列布局。第一，签约了一批网络文学知名作者，以提升平台作品的质量和形象。第二，推出了完善的作者保障机制，提供创作环境，保障作者的知识产权，推进作者职业化，为职业作者提供优厚的福利待遇。第三，推动 IP 的培育和开发，用大数据定位用户偏好，设立专业的团队，在策划、编辑、出版、包装、衍生等环节，都有专业的策划人、经纪人和法务团队提供支持和保障，使优质作品能够及时被发现并获得 IP 开发的成长空间。第四，推进全渠道分发，将作品通过新浪阅读、淘宝阅读、书旗小说、UC 书城等进行全渠道分发，帮助作品打开市场。第五，构建衍生开发体系，2017 年，与优酷、阿里影业联合推出“IIAO 计划”，投入 10 亿元孵化网络电影的内容生产，为 IP 培育、项目融资、技术制作、电影宣发、衍生品扩展提供全产业链支持。[③]

① 崔鹏 . 阿里宣布成立“大文娱”版块 俞永福成为负责人［EB/OL］. https://tech.qq.com/a/20160615/048428.htm.

② 张知依 . 阿里文学开启全新 IP 培育模式［N］. 北京青年报，2014-04-21.

③ 艾瑞咨询 . 2018 年中国网络文学作者报告［R］. 2018.

3. 衍生开发环节

（1）网络文学作品的 IP 化。经过 20 多年的发展，网络文学已经从鱼龙混杂、良莠不齐的不成熟状态，走向了精品化和 IP 化。网络文学的最大特点是具有非常高的文化娱乐价值，随着越来越多具有较高质量、深受读者喜爱的网络文学作品不断涌现，网络文学领域的 IP 开发价值也变得越来越大。网络文学 IP 为后续的衍生开发提供了完整的创意框架，衍生开发的内容和形式丰富多样，并具有粉丝集聚和转移的优势。在品牌忠诚效应的推动下，粉丝能够更容易被引入由网络文学改编而成的电影、电视、动漫、游戏、广告等价值延伸领域，并通过价值链延伸聚集更多的粉丝和消费者，进一步提升和强化了作者和作品 IP 的影响力。因此，网络文学作品的 IP 化，是实现网络文学全产业链开发的关键。

（2）网络文学 IP 授权。网络文学 IP 授权就是作为版权所有者的作者将自己作品涉及的名称、内容、情节、人物以及相关符号等通过品牌授权的方式，授权给代理商，由代理商去融资、策划、开发、运营，以实现作品价值的衍生和增值。作者通过授权的方式收取授权费或者保留对作品增值分成的权利。因此，网络文学作品 IP 授权是作品衍生开发的前提。据调查统计，绝大部分网络文学的作者都希望自己的作品能够实现 IP 开发，大部分作者希望自己的作品被改编成电视剧、电影或动漫游戏。虽然资深作者几乎都有专业的平台为其运作版权，但是大部分普通作者对 IP 授权的平台、流程、模式并不熟悉。因此，需要更多的专业平台来运营网络文学的 IP 授权工作，以使版权业推动文化产业爆发出更大的潜能和生机。①

目前，网络文学 IP 授权与开发已经有很多成功案例，如《花千骨》《琅琊榜》《三生三世十里桃花》《楚乔传》《长安十二时辰》等，这些作品以奇幻、精彩的内容和精良的制作赢得了观众的关注和喜爱。但是观众

① 艾瑞咨询 . 2018 年中国网络文学作者报告［R］. 2018.

已经对奇幻玄幻的题材产生了审美疲劳，期待更具有现实意义和社会价值的题材出现。《流浪地球》的成功或许将开创我国科幻 IP 开发和运营的新时代。

此外，网络文学 IP 授权和开发，主要以电影、电视、动漫、游戏为主，广告、玩具、服饰、装饰、主题公园等领域的衍生品开发不足，在产业链中份额仍然不足 10%，这是最有潜力和未来应该关注的领域。

第三节　网络视频产业

网络视频产业是通过有线或移动互联网向消费者提供娱乐、教育或专业性视频播放、下载服务的文化产业形态。我国网络视频产业已经形成了较为稳定的市场格局。爱奇艺、优酷视频、腾讯视频成为产业内最大的 3 家内容制作与分发平台企业。

一、发展现状

2018 年 12 月底，我国网络视频用户规模达 6.12 亿人，较 2017 年 12 月底增加 3309 万人，占网民总体的比例达 73.9%。其中，手机网络视频用户规模达 5.90 亿人，较 2017 年底增加 4101 万人，占手机网民总体的比例达 72.2%[①]。网络视频的收看终端设备呈现出明显的场景依赖性。智能手机、平板电脑等便携式移动终端主要适用于个人收看场景，智能电视主要适用于家庭娱乐性收看场景。从行业发展情况来看，网络视频用户规模的增长主要得益于互联网的普及和我国庞大的人口基数红利，对用户的争夺依然是网络视频产业竞争的核心和焦点。

① 中国互联网络信息中心 . 第 43 次《中国互联网络发展状况统计报告》[R / OL]. [2019-02-28] http://www.cac.gov.cn/2019-02/28/c_1124175677.htm.

2018 年，我国有 588 家运营单位取得《信息网络传播视听节目许可证》，制作及新增购买网络剧 2133 部，与 2017 年基本持平。其中，新增自制网络剧 593 部，同比增长 44.99%。近年来，网络视频产业的收入规模持续超高速增长，2018 年，网络视频（含音频）节目服务收入达 223.94 亿元，较 2017 年增长 56.62%。其中，用户付费收入达 187.96 亿元，较 2017 年增长 66.71%。节目版权收入达 29.40 亿元，较 2017 年增长 33.70%。2018 年，网络视频（含音频）内容付费用户规模达 3.47 亿人，比 2017 年同比增长 23.93%[①]。总体上看，我国网络视频行业的发展呈现出良好的态势。

值得注意的是，2018 年 12 月底，我国短视频用户规模达 6.48 亿人，用户使用率为 78.2%[②]。短视频的迅速发展刺激了 UGC 内容生产规模的迅速扩张，也为 PGC 内容提供了更加便捷和直接的传输分发载体。在这一背景下，MCN 机构[③]迅速发展，针对各种类型的利基市场进行垂直化深度运营，成为行业发展的新生长点。

二、运行模式

从产业实践来看，网络视频产业的运行过程主要包括内容提供、平台分发和衍生开发三个主要环节。

1. 内容提供环节

中国网络视频产业经历了 10 多年的高速发展，由良莠不齐、内容庞杂的早期发展阶段逐步走向内容的精品化与品牌化阶段。今天，消费者对视频内容的品质要求越来越高，要求内容制作技术更加精良，要求内容逻辑、审美逻辑和表达逻辑都更有创意，能够让观众耳目一新。对于网络视

① 国家广播电视总局规划财务司 . 2018 年全国广播电视行业统计公报［EB/OL］. http://www.nrta.gov.cn/art/2019/4/23/art_2178_43403.html.

② 中国互联网络信息中心 . 第 43 次《中国互联网络发展状况统计报告》［R / OL］.［2019-02-28］http://www.cac.gov.cn/2019-02/28/c_1124175677.ntm.

③ MCN 指 “Multi-Channel Network”，一般译为 “多渠道网络” 或 “多频道网络”，是一种新的基于互联网的内容生产方式和体系。

频的内容来源，主要包括版权购买（新闻、电影、电视、动漫、游戏、综艺节目、体育赛事等），自行制作或与娱乐公司合作，互联网用户原创等几个方面，其中版权购买是其最主要的内容来源，即网络视频企业向影视版权制作人购买独家版权或代理版权，以获取内容经营权。

随着国家知识产权保护力度的不断加强，盗版视频的数量不断减少，网络视频企业的版权收益不断提升，网络视频企业开始投入越来越多的资源，自行与其他娱乐公司联合进行影视作品的生产，并使用自己拥有的播放渠道来吸引和稳定更多的 VIP 客户。近年来，网络视频平台企业自制内容开始朝精品化的方向发展。2018 年，各大平台新上线的网络剧、网络综艺、网络电影等自制节目数量较 2017 年呈下降趋势，但播放总量和单剧播放量增长明显，说明自制网络视频的内容质量有了大幅提升。① 此外，随着移动通信网络和移动终端设备的普及，抖音等短视频 APP 开始流行，产生了数量众多的 UGC 视频内容。虽然这些 UGC 视频内容普遍技术含量不高，但是因为能直接反映百姓的日常生活，也越来越受到广大消费者的欢迎。

2. 平台分发环节

2018 年，爱奇艺、优酷、腾讯三大平台所拥有的用户占到网络视频总体用户规模的近九成，新上线的自制网络视频节目占到总量的八成左右，播放量占到总播放量的八成以上②。三大平台集中了全行业大部分的用户、内容、流量资源，行业呈现出典型的寡头垄断市场格局。除这三大企业外，搜狐视频、芒果 TV、PPTV、凤凰视频等平台企业也在各自的细分市场处于领先地位。从运营过程来看，网络视频平台主要起到视频内容聚合与分发的作用，其收入主要来源于商业广告和用户付费两个方面。

在中国网络视频产业发展的初期，商业广告是网络视频企业最普遍的

① 中国互联网络信息中心 . 第 43 次《中国互联网络发展状况统计报告》[R / OL]. [2019-02-28] http://www.cac.gov.cn/2019-02/28/c_1124175677.htm.

② 中国网络视听节目服务协会 . 2018 年中国网络视听发展研究报告 [R] . 2018.

行业盈利模式。网络视频商业广告主要包括贴片广告、信息流广告、暂停广告等形式。贴片广告又被称为流媒体视频广告，是指消费者在观看视频之前播放的商业短视频广告。除了 VIP 客户，一般贴片广告都不能跳过。信息流广告是指穿插在网页、客户端、APP 中间的，以静态图片、动态图片、链接等形式出现的商业广告，用户可以选择点击或者关闭。暂停广告是指网络视频播放暂停的时候，出现在暂停界面的静态或者动态图片广告，用户可以选择点击链接或者关闭。随着网络视频用户规模的迅速增长，广告检测和评估技术、个性化和精准推送技术逐渐成熟，行业规范逐步建立，网络视频广告对广告主的吸引力大大增强，广告投放量也迅速增长。2013 年，网络视频商业广告年收入总额不足 100 亿元，到 2017 年达 463.2 亿元，年增长率保持在 40% 以上。网络视频的广告收益成为网络视频公司最主要的收入来源[①]。

2018 年底，我国网络视频用户规模达 6.12 亿人，这为用户付费的商业模式提供了充足的市场。用户付费是用户直接向网络视频平台支付费用，以获取视频服务的模式。目前，用户付费主要有 VIP 会员包月和单次付费点播两种模式。VIP 会员包月是指用户支付一定费用，享受购买周期内免广告收看、优先收看、一次性收看、更好的音画质等特权的服务模式。付费点播是指用户为单个视频付费，可以一定期限内在线观看的付费模式。[②]用户付费的商业模式降低了网络视频产业发展对商业广告的依赖度，扩展了产业多元化发展的路径，对提升产业服务质量、增强消费者黏性、促进产业健康发展具有重要意义。我国网络视频用户付费起步较晚，但随着消费者消费观念的转变和消费者对网络视频品质要求的提高，付费率增长较快。2018 年，我国网络视频的付费用户规模达 3.47 亿人，发展前景良好[③]。

---

①② 艾瑞咨询 . 2018 年中国网络视频行业经营状况研究报告［R］. 2018.

③ 2019 年上海国际电影电视节互联网影视峰会 . 2019 中国网络视频精品报告［R］. 2019.

3. 衍生开发环节

衍生品开发是网络视频产业最重要的盈利环节，庞大的市场需求是衍生品开发的助推力。网络视频的衍生品开发主要有三种模式。

第一，根据一些热门的网络视频，将视频的内容要素拓展到价值链下游的衍生品领域，如玩具、服饰、饰品、主体公园等周边娱乐产品。衍生品的拓展可以由网络视频企业自行开发，也可以通过品牌授权的方式，由第三方企业进行二次开发。

第二，网络视频平台企业将业务拓展到与网络视频相关的硬件领域。如 PPTV 的互联网电视、爱奇艺的 OTT 互联网电视盒子等。网络视频企业将价值链拓展到作为内容访问入口的硬件领域，既能够增加网络视频企业对流量入口的控制程度，又能够形成“终端 + 内容”的价值链布局。

第三，网络视频企业充分利用自身拥有的用户资源和注意力资源，将价值链拓展到电商领域。2014 年 10 月，阿里巴巴与优酷土豆共同推出数据处理化（DT）计划，开创视频电商领域。2015 年 4 月，爱奇艺商城正式宣布上线，用户可以在观看影视作品的同时，在爱奇艺商城购买影视剧中出现的同款产品，将观众的注意力变成购买行为。[①]

第四节　虚拟现实产业

虚拟现实（Virtual Reality）是基于人类的听觉、视觉、触觉等感官特性，利用一套智能设备系统，将用户与真实世界阻断，或者在实景基础上叠加虚拟影像，模拟四维虚拟空间，给用户带来身临其境的交互式体验。虚拟现实产业是基于增强现实技术（AR）和虚拟现实技术（VR），为用户

① 艾瑞咨询 . 2018 年中国网络视频行业经营状况研究报告［R］. 2018.

提供四维虚拟环境的文化内容体验，实现内容价值增值的新型文化产业形态以及周边硬件设备生产和衍生品开发的相关产业体系。

一、发展现状

虚拟现实的革命性在于，它是人类历史上出现的第一种真正意义上的四维媒介。在人类媒介发展的历史上，先后出现了基于“长—宽”维度的二维静止媒介，基于“长—宽—时间”维度的三维动态媒介，基于“长—宽—深—时间”维度的四维交互式媒介。与前两个阶段相比，虚拟现实能够在近眼显示、体感交互、渲染处理、网络传输等新一代信息技术的支撑下，实现用户与虚拟空间内容之间的互动，实现用户身临其境的体验和享受，从而促进新一代内容消费的升级和与传统行业的融合创新。

与其他文化产业形态相比，虚拟现实产业具有全新的技术基础。其发展将对整体文化产业的未来走向产生深刻影响。20 世纪 60 年代，鲍莫尔提出的成本疾病理论①指出：在相当长的一段时期内，传统表演艺术行业的生产率将很难提高。随着社会其他先进部门生产率的快速增长，表演艺术行业的生产成本反而呈现出相对上升的趋势。今天，通过应用全息投影、虚拟影像等 AR 技术，人们可以打造更加具有想象力、表现力和感染力的数字化舞台，表演艺术行业的整体生产率得到了很大程度的提高。在这种情况下，鲍莫尔成本疾病理论成立的条件已经发生了根本性变化。例如，基于 AR 和 VR 技术的新型游戏产品，可以为消费者创设“深度沉浸式”体验环境，远远超越传统游戏所能带给消费者的体验水平。

与国外 VR 市场爆发式增长的态势形成对比，我国国内的 VR 市场仍处于初期发展阶段。但是我国庞大的互联网用户规模为 VR 市场提供了巨

① 关于“鲍莫尔的成本疾病”的详细解释，请参考：Heilbrun J. Baumol's cost disease [J]. Handbook of Cultural Economics, 2003.

大的潜在用户基数，VR 产业将逐渐成为关注的焦点和投资的热点。2016 年被认为是中国 VR 产业元年，市场规模达 34.6 亿元，2017 年增长至 52.8 亿元，2018 年倍增至 105.8 亿元，预计 2019 年将超过 200 亿元，到 2021 年则将突破 790.2 亿元，届时中国将成为全球最大的 VR 市场[①]。同时，VR 的用户规模也在不断增长，2017 年的用户规模是 499.9 万人，2019 年有望突破 1000 万人，并不断呈几何级数攀升[②]。

二、运行模式

从产业实践来看，虚拟现实产业的运行过程主要包括软硬件供应、内容提供、平台分发、终端使用四个主要环节。产业格局呈现出行业巨头积极介入、价值链各环节以技术型中小创新企业为主的态势。行业巨头搭建主要骨架，实施全产业链运营，中小企业是技术和内容的主要来源。硬件商和平台商打破硬件与软件、内容之间的壁垒，构建 VR 产业价值链。中小型创新公司在头戴显示设备、输入及反馈设备、全景摄像设备、软件研发、内容制作、游戏研发、影视制作等领域形成自身的专业细分市场优势[③]。

当前，虚拟现实产业的盈利结构呈现出硬件制造商高于内容制造商的态势。硬件制造商盈利主要来自 VR 头盔、外设装置等硬件产品的销售额，而内容制造商和平台提供商之间针对游戏、视频等虚拟现实内容的销售收入进行分成。由于尚处于产业的发展初期，虚拟现实产业内容的数量和质量还有待提升，虚拟现实产业的 IP 衍生开发还没有形成规模，不过对这一领域的探索依然具有重要意义[④]。

① 中商产业研究院 . 2018—2023 年虚拟现实行业发展前景及投资机会分析报告［R］. 2018.
② 艾瑞咨询 . 2017 中国虚拟现实（VR）行业研究报告［R］. 2017.
③ 申万宏源研究 . VR 产业的 8 种典型商业模式及投资前景［R］. 2016.
④ 艾瑞咨询 . 2017 中国虚拟现实（VR）行业研究报告［R］. 2017.

1. 软硬件供应环节

VR 产业的软硬件供应环节主要包括基础元件供应商、VR 硬件设备商、VR 内容开发商、VR 拍摄 / 动作捕捉技术商等。VR 硬件商主要有基础元件商（主要生产传感器、微投影器件、芯片、定位器、AMOLED 等）、上游设备供应商（主要生产体感设备、定位器、语言识别、显示屏、摄像头等）、VR 运用硬件商（主要生产体感输入设备、输出设备、体感主机、PC 主机 +VR 头盔一体机、手机盒子以及大型空间设备等），以及全景拍摄设备商（主要生产全景摄像机和辅助设备，包括轨道、支架、无人机、摇臂、稳定器等）。VR 软件商主要生产影像合成软件、三维引擎软件、三维建模软件、SDK 软件和 VR 作图软件等。软硬件供应商是 VR 产业构成的基础和产业升级的必要条件，也是当前虚拟现实产业最吸引投资的领域。

2. 内容提供环节

VR 内容主要包括虚拟仿真和三维立体的数字内容，形式主要有电影、动画、游戏、综艺、赛事直播、购物等，可以运用于教育、医疗、社交、游戏、电子商务、服装、房地产等多个领域。当前，我国 VR 产业的内容市场还非常单薄，2016 年，我国 VR 细分市场的构成中，头戴设备占比 59.4%，VR 体验馆占比 10.3%，VR 摄像机占比 9.7%，消费级内容排在第四位，仅占 7.7%[①]。目前，虚拟现实内容生产所依赖的开发工具面临很大的研发瓶颈，如 360° 全景拍摄相机、VR 作图、三维建模、SDK 等，使得幕屏分辨率、屏幕刷新率、延迟、视场角度等关键指标提升缓慢，极大地影响了优质内容的开发进度和用户体验。

从根本上看，VR 内容的数量与质量是虚拟现实产业吸引客户和实现可持续发展的关键。在 VR 硬件的更新换代速度放缓以后，VR 内容的开发与生产将成为产业关注和竞争的焦点，也将成为未来产业发展的主要方

① 中商产业研究院 . 2018 年中国虚拟现实（VR）市场规模及发展前景分析［R］. 2018.

向。2018 年，我国消费级 VR 内容市场规模达 18.9 亿元，2019 年是 VR 消费市场由硬件向内容转变的转折年份，行业内的主要内容制作商已经开始盈利，预计到 2021 年，VR 内容市场的规模将达 278.9 亿元[①]。目前，国内主要的虚拟现实内容开发商有天舍游戏、超凡视幻、酷炫游、指挥家、HOTCAST 等，它们是国内首批致力于虚拟现实内容开发和生产的团队，在沉浸式交互虚拟内容方面已经积累了一定的研发经验。

3. 平台分发环节

VR 平台包括线上平台和线下平台。线上平台包括分发网站、应用商店、社交影院、电商平台等，线下平台包括体验店、主题公园、旗舰店、经销商等。作为 VR 内容和硬件的分发渠道，平台通过产品销售和增值服务获取利润。优质的 VR 平台可以提供跨设备、跨产品的综合性渠道服务，帮助软硬件和内容开发商推销产品，为开发商提供消费者数据支持和其他技术支持。明确与内容提供商之间的分成关系，完善支付手段，提升消费者支付便捷性，建设 VR 网上互动社区，搭建开发商与用户之间的交流渠道，拓展产业链下游渠道等，是构成虚拟现实产业价值链的重要中心环节。目前，国内 VR 视频平台和 VR 游戏平台已经初具规模，主要的 VR 平台企业有 UnityTechnology、IM.NET、87870.com、sightPano 等，它们作为平台分发商，主要业务是出售和拷贝 VR 内容资源，同时也积极进入 VR 内容的开发环节。

4. 终端使用环节

VR 终端使用环节主要是指 VR 输出设备，目前我国市场上主要有移动端、PC 端和 VR 一体机三种类型。

第一，移动端市场是基于智能手机的 VR 设备市场，是未来最有潜力的用户市场。打开移动端市场的关键是提高技术含量和降低成本，实现用

① 艾瑞咨询 . 2017 中国虚拟现实（VR）行业研究报告［R］. 2017.

户低价格、高舒适度和强体验感。

第二，PC 端市场就是基于用户个人电脑的 VR 市场，目前的 PC 端设备相较于手机端而言，价格更昂贵、操作更烦琐、携带不方便，但是为用户带来的体验感更强。当前 PC 端的问题是 VR 设备对 PC 硬件的要求非常高，需要在 PC 上接入多件 VR 设备，因此突破 PC 端市场瓶颈的关键是发展基于云计算和光纤网络的虚拟现实云端服务，减少 VR 设备接入要求，降低对 PC 配置的要求。

第三，VR 一体机是具备独立处理器并支持 HDMI 输入的头戴显示设备，具备独立运算、输入和输出的功能。一体机 VR 设备具有便携性和易用性，人机互动性更强，软硬件可以根据用户要求进行定制，储存和续航能力更强，可以切换本地内容和在线内容，也可以接入 PC 端，非常符合消费者对 VR 消费体验的期待。但是 VR 一体机的研发难度较高，目前国内厂商还没有大规模介入该领域。①

目前，国内主要的 VR 终端设备研发商有华为、乐相科技、灵镜、暴风魔镜、睿悦信息、极睿、第二空间、乐蜗科技等，它们是我国最先进入虚拟现实硬件研发领域的企业，生产出了第一批较为成熟的多平台虚拟现实显示设备。一些企业还开发了内容丰富的聚合软件，建立了开发者平台。2019 年 8 月 11 日，华为集团向全球发布了拥有自主知识产权的基于智能手机设备的增强现实技术 Cyberverse。该技术在高性能芯片、5G 网络、云计算平台的支撑下，提出了独特的“空间计算”概念，可望实现虚拟数字世界与现实世界的无缝结合，为用户提供全新的交互体验。

① 前瞻产业研究院 . 2019—2024 年中国虚拟现实（VR）行业发展前景预测与投资战略规划分析报告［R］. 2018.

第八章　数字创意产业的集群化发展

第六章、第七章探讨了数字创意产业典型产业形态的运作模式和发展情况。本章在分析数字创意产业集群化发展基本理论的基础上，探讨数字创意产业集群的形成机制，并对我国数字创意产业发展相对集中的三个代表性区域：环渤海地区、长三角地区、珠三角地区进行分析。同时，对中西部地区部分中心城市数字创意产业的发展情况进行探讨。

第一节　数字创意产业集群的基本理论

一、产业区理论

1890年，马歇尔在其《经济学原理》一书中，首次明确界定和区分了“内部经济”与“外部经济”的概念。在此基础上，马歇尔提出了“特定产业在特定地点的集中”这一重要理论命题，系统分析了产业集聚所带来的经济外部性效应。马歇尔将“产业区”界定为“能使生产和贸易的平均成本得到不断降低的，特定产业集中的区域”，进一步提出了“产业氛围”（Industrial Atmosphere）的重要概念，用于描述产业区内“社会资本”积累到一定程度时的自然状态。在这种状态下，产业区内的企业之间形成了稳定可靠的交易模式、规则和相互信赖关系，并且具有持续、重复、开放的信息循环系统，从而大大减少了产业区内的信息搜寻、签订契约等活动导致的交易成本。马歇尔认为，产业氛围的形成是产业区成熟的最显著标志

（Marshall，A.，1930）。

二、产业文化区与制度文化区理论

“文化区”（Cultural District）是用于分析数字创意产业空间分布与产业集聚的重要理论基础。文化区的概念是马歇尔“产业区”（Industrial District）理论在文化产业领域的扩展与深化。产业区理论的早期分析对象是所谓的“福特式”工业集聚区，这种产业集聚区以大规模标准化生产为主要特点。与制造业相区别，文化产业的商品生产方式从一开始就受到“鲍莫尔成本疾病”的困扰，其劳动生产率增速低于社会平均水平。因此，其产业集聚形态与制造业存在显著差别。

为了分析文化产业部门中产业集聚的特点，有学者提出了“文化区”的概念。依据这一理论，特定的文化总是与特定的地理空间相关联，文化通常具有鲜明的地域性特征。“文化区”是一种特殊的产业集聚区，依据观察与分析的视角不同，可以将文化区分为“产业文化区”与“制度文化区”两种不同的基本类型（Santagata，W.，2011）。

产业文化区是建立在当地小微企业的发展、当地传统文化产业、文化外部性的基础上，是建立在“社会资本”（Social Capital）基础上的文化区类型。产业文化区具有如下主要特征：

第一，区域内社会资本的集聚、技术知识的积累达到相当的程度。

第二，区域内形成了具有独特符号象征、稳定、持续的文化传统。

第三，区域内形成了稳定的基础性制度结构，能够为区域内文化商品的生产提供有效的公共服务。

第四，区域内产生了有利于设计、技术革新、组织管理、劳动力供给的正外部性。

第五，区域内具有充足的专业性人力资源储备和稳定的财政、金融支持。

第六，区域内产生了较为明显的规模经济与范围经济。

第七，区域内具有较强的创新能力，新产品、新企业不断涌现。

第八，区域对外部市场和国际市场具有高度开放性。

制度文化区主要基于财产权分配、符号价值、合作行为，是建立在“集体产权”（Collective Property Rights）基础上的文化区类型。集体产权一般以集体性的地理标志作为表征，保护嵌入在文化商品中的当地文化元素，体现特定区域的文化资本。集体产权赋予了当地文化商品生产者一种特殊的产品差异化和专有的地点垄断权利，给予了他们一种集体声誉，代表着特定的审美、符号、风格与品质（Santagata，W.，2006）。集体产权能够为本区域的生产者创造很大的正外部性，并推动区域内文化产业的发展。

三、创意城市理论

进入创意产业时代以后，数字技术、互联网技术、多媒体技术开始大规模地应用于传统文化产业的生产过程，从而逐步形成了“数字创意产业”的全新产业形态。在新的条件下，数字创意产业的生产方式建立在“利基市场”“小微企业”“数据驱动”“柔性生产”的基础上。于是，在“文化区”理论的基础上，有学者进一步提出了“创意城市”的概念。“创意城市”的核心理念认为，未来城市的发展将主要依靠人的创意和创作力来推动其在全球经济中的竞争，创意的思维和理念将渗透到经济社会的各个领域，创意经济将成为现代都市的灵魂（Kanazawa，M.，2003）。在创意城市中，政府将通过多种政策手段，营造良好的创意氛围与创意环境，吸引各类创意人才，形成真正意义上的创意阶层。

第二节　数字创意产业集群的形成机制

从一般意义上讲，文化创意产业集群是指“在一定的区域内，由众多相关行业的创意企业及政、产、研等相关支撑机构，通过专业分工并建立协作关系，形成一定的产业规模和自主研发能力，具有竞争力和创造力的企业群体。创意产业集群具有文化创意人力资源丰富、产业集聚优势明显、具备服务平台支撑等特点”（金元浦，2010）。

与传统产业相比，数字创意产业的需求端具有自身的特殊性，如市场需求的高度不确定性、消费过程的高度体验性、对利基市场的高度依赖性等。为了适应需求端的特殊性质，数字创意产业的生产者必须通过不断创新来实现产品的持续差异化。这使数字创意产业的生产方式具有创意密集、设计密集、信息密集、柔性生产的特点。在产业组织方式上，大型企业在产业发展中起着重要的引导作用，小型创意企业（SCE）在整个价值链环节中发挥着独特作用。这些企业通过前向一体化或后向一体化的方式在特定区域形成本地的数字创意产业集聚区。

一、数字创意产业集群的本质

文化商品的生产总是会受到其所处地域的文化传统和风格的深刻影响。例如，纽约、伦敦、巴黎等地文化产品生产就具有鲜明的地域风格特征。数字创意产品是数字化的文化产品，与一般意义上的文化创意产品相比，数字创意产品的生产是在数字技术、互联网技术、多媒体技术的支撑下完成的，具有更为明显的技术性特征。同时，在特定的地域范围内，数字创意产品的生产过程必然受到区域内文化传统、技术积累和产业体系的影响，三大要素的结合形成了一种地域性的“文化—技术—经济”体系。这一体系除了具有一般文化区所具有的共性特征外，还具有如下特征：

第一，体系内文化商品的生产具有创意密集、技术密集、资本密集的特征。

第二，体系内相关技术知识的积累、扩散、应用、创新已经达到比较成熟的水平，尤其是与数字技术、互联网技术、多媒体技术相关的技术已趋向成熟。

第三，体系内人力资本具有“技术—艺术—管理”的复合型特征，且已积累到相当水平。

第四，体系内形成了完整的“内容—平台—终端—消费者”的专业分工和生产体系。

基于这一认识，本研究把数字创意产业集群定义为：在一定的地域范围内，形成了较为稳定的文化传统与风格，具有较为成熟的数字技术、互联网技术、多媒体技术基础设施、专业技能积累和人力资源储备，形成了较为稳定的价值结构、多层次的生产体系和基础性制度结构的数字内容产品生产集聚区域。从本质上讲，数字创意产业集群是一种地域性的“文化—技术—经济”体系。

二、数字创意产业集群形成的经济空间与地理空间

数字创意产业集群的形成过程，实际上是“经济空间”（Economic Space）的产生过程，以及经济空间与“地理空间”（Geographic Space）的结合过程。

就一般规律而言，经济空间是由生产者之间交易关系构成的有机体系。这一体系可能表现为金字塔式样的层级控制结构，也可能表现为“核心—边缘”的圈层结构，还可能表现为较为松散的网络状结构。地理空间则是对特定地域范围的代称。经济空间与地理空间的结合需要具备一定的经济、文化、技术上的基础条件，如特定的资源禀赋、特殊的制度结构、特有的比较优势等。经济空间一旦与地理空间相结合，就会对特定产业在

特定地域的发展产生“锁入效应”（Lock-in），而对其他地区产生“锁出效应”（Lock-out）。“锁入效应”使特定产业在特定地域内的集聚发展具有明显的“路径依赖”特征。一方面，这可能会在区域内产生一种良好的正向反馈和报酬递增效应；另一方面，也可能使生产体系“固化”，无法应对重大技术变革或市场变化的挑战。“锁出效应”则使其他地区无法进入特定产业的分工体系和价值链中，从而难以复制先进地区的发展路径与模式。

从上述一般规律出发，数字创意产业集群的形成主要包括以下两个阶段：

第一，数字创意产业经济空间的形成。从本质上讲，数字创意产业的生产对象是数字化的文化内容商品。数字创意产业具有信息技术产业与文化产业的双重特征。一方面，信息技术产业的发展受到“摩尔定律”的支配；另一方面，文化产业的发展又受到高固定成本、利基市场、体验性消费等特殊市场规律的影响。因此，数字创意产业的经济空间是在信息技术产业经济空间与文化产业经济空间的叠加与融合的基础上形成的。在数字创意产业经济空间的形成过程中，为了适应需求的高度不确定性和高风险性，生产体系将朝着高度弹性化、柔性化的方向演化，并形成较为稳定的产业内部分工协作关系和交易关系。

第二，数字创意产业经济空间与地理空间的结合。传统文化产业的生产分工协作体系具有较为明显的地理集中倾向，如工艺品生产的集聚区、电影生产的集聚区、时尚产品生产的集聚区等。数字创意产业的生产体系具有高度数字化、多媒体化、互联网化的特征，其生产对象主要是数字化的文化商品。从这一意义上讲，数字创意产业的生产组织体系是否可以采用虚拟的经济组织形式，而不一定非要像传统产业一样，在地理上进行集中？这一问题的实质是：对数字创意产业而言，地理上的空间集聚，是否像传统产业那样具有明显的外部性的特征和优势。

针对这一问题，有学者使用空间面板数据进行了专门研究，从生产、销售、消费三个方面说明了数字化的文化商品的地理空间依赖性：第一，数字化的文化商品具有非实物的特征，其网络生产与交易几乎不包含地理空间距离成本。第二，数字化的文化商品的网络销售并没有因为地理空间距离的消失而失去其空间相关性（刘霞，董晓松，姜旭平，2014）。第三，数字化的文化商品的网络消费遵循着文化空间秩序，具有显著的文化空间相关性（董晓松，刘霞，姜旭平，2013）。还有学者使用省级面板数据，对互联网环境下文化产业的集聚特征是否发生变化这一问题进行了实证分析。研究发现，互联网对文化产业集聚区的形成具有促进作用（喻莎莎，2017）。对我国电视剧产业的实证分析也表明，我国电视剧产业的空间分布呈现明显的“中心—边缘”结构，形成了北京、上海、浙江、广东、江苏、湖南六大产业集聚区域，其中以北京产业集聚区的规模最大，连通度最高（文嫣、吕惠燕，2015）。

可见，空间集聚对数字创意产业而言同样具有非常重要的意义。虽然数字创意产业更有可能形成跨越多个地理区域的经济空间，但从生产、传播、消费等环节来看，在特定地域上的空间集聚仍然能带来非常明显的外部性。因此，数字创意产业的经济空间也将与特定的地理空间进行结合。这种结合对特定地理空间的资源禀赋条件有一定的要求，如具有相当规模的创意阶层，艺术、技术、管理有效结合的人力资源结构，熟练掌握数字技术、互联网技术、多媒体技术的人才群体，工业化的数字媒体技术基础设施，充足的资本和有力的政策支持，等等。一般而言，如果一个地理区域已经形成了较为成熟的文化产业集聚区或信息技术产业集聚区，那么这个区域就更有可能形成或演变为数字创意产业的集聚区域。

三、数字创意产业集群形成和发展中的公共政策问题

基于前述分析，数字创意产业集群形成的根本动力，是“文化—技

术—经济”三大要素的相互作用与协同推动，而这三大要素的相互作用主要是在市场机制的支撑下得以完成的。在数字创意产业集群的形成过程中，市场机制在生产要素的配置与组织、产业结构的形成等方面发挥着主导作用。但是正如公共经济学所指出的，市场失灵可能会导致这一集聚过程发生偏差，如集聚不经济的发生、产业价值链断裂、外部市场冲击等。因此，公共政策供给在数字创意产业集群的形成过程中发挥着两个方面的重要作用：

第一，公共政策应促进特定地理区域内基础性公共产品的有效供给。如数字创意产业发展所需的专门性技术、管理、艺术人才的供给、关键共性技术平台的搭建、专门性融资渠道的提供、基础性的制度体系的建立等。

第二，公共政策应保障特定地理区域内产业发展的基本安全。当产业发展面临重大的技术变革挑战、产业结构变化、外部市场冲击时，能够通过有效的政策措施和制度安排，引导和促进本区域内的数字创意产业进行具有预见性的调整或重组。

总之，在数字创意产业集群的形成过程中，公共政策并不是要代替市场机制发挥作用，而是侧重于基础性公共产品、制度体系的供给和产业发展方向的把控。

第三节　数字创意产业的集群化发展

我国数字创意产业发展已经初步形成了环渤海、长三角、珠三角三大数字创意产业发展集聚区。同时，在中西部地区，成都、重庆、西安、武汉等中心城市的数字创意产业发展也达到了一定的规模。以下将对数字创意产业发展的三大集聚区进行分析，然后对中西部地区部分中心城市数字创意产业的发展情况进行讨论。需要说明的是，由于数字创意产业缺乏明确的统计口径，暂时缺乏权威部门发布的专门化、系统化统计数据，以下使用国家统计局发布的文化及相关产业数据进行近似分析。截至 2017 年底，三大集聚区文化及相关产业发展的基本情况如表 8–1 至 8–4 所示。

表 8–1　三大集聚区文化及相关产业增加值及占 GDP 比重（2017）①

区域	增加值（亿元）	全国占比（%）	占 GDP 比重（%）
环渤海	8034.2	23.14	4.55
长三角	9262.9	26.68	5.50
珠三角	4817.2	13.87	5.37
三大集聚区合计	22114.3	63.69	5.00
全国	34722.0	100.00	4.20

表 8–2　三大集聚区各省市文化及相关产业增加值及占 GDP 比重（2017）②

区域	省市	增加值（亿元）	占 GDP 比重（%）
环渤海	北京	2700.4	9.64
	天津	619.8	3.34
	河北	1101.3	3.24
	辽宁	594.7	2.54
	山东	3018.0	4.16
长三角	上海	2081.4	6.79
	江苏	3979.2	4.63
	浙江	3202.3	6.19
珠三角	广东	4817.2	5.37

①② 国家统计局社会科技和文化产业统计司，中宣部文化体制改革和发展办公室 . 文化及相关产业统计年鉴 2018［M］. 北京：中国统计出版社，2018：35.

表 8-3　三大集聚区规模以上文化及相关产业企业基本情况（2017 年）①

区域	企业单位数（个）	全国占比（%）	年末从业人员（万人）	全国占比（%）	主营业务收入（亿元）	全国占比（%）
环渤海	12159	20.18	163.84	18.59	22405.98	23.15
长三角	15251	25.31	216.33	24.54	30869.29	31.90
珠三角	8060	13.38	182.48	20.70	17276.94	17.85
三大区域合计	35470	58.87	562.64	63.83	70552.22	72.90
全国	60251	100.00	881.44	100.00	96777.85	100.00

表 8-4　三大集聚区各省市规模以上文化及相关产业企业基本情况（2017 年）②

区域	省 / 直辖市	企业单位数（个）	年末从业人员（万人）	主营业务收入（亿元）
环渤海	北京	3994	54.14	9453.30
	天津	911	10.10	1748.28
	河北	1706	19.05	1218.86
	辽宁	758	12.18	667.76
	山东	4790	68.37	9317.78
长三角	上海	2649	43.78	9210.44
	江苏	7884	117.61	13850.30
	浙江	4718	54.94	7808.55
珠三角	广东	8060	182.48	17276.94

一、环渤海地区数字创意产业发展集群

以北京、天津为中心，辐射至周边河北省所辖重点城市，同时向外辐射至山东省、辽宁省所辖中心城市，形成了环渤海数字创意产业发展集群。

1. 基础条件

环渤海地区是我国北方经济增长极与中心区域，是我国参与经济全球

①② 国家统计局社会科技和文化产业统计司，中宣部文化体制改革和发展办公室 . 文化及相关产业统计年鉴 2018［M］. 北京：中国统计出版社，2018：68，103.

化的主体区域之一，具备良好的数字创意产业发展基础。环渤海区域文化及相关产业企业基本情况如表 8-5 所示。

表 8-5 环渤海区域主要城市规模以上文化及相关产业企业基本情况（2017 年）①

区域	城市	企业单位数（个）	年末从业人员（万人）	主营业务收入（亿元）
环渤海	北京	3994	54.14	9453.30
	天津	911	10.10	1748.28
	沈阳	286	3.30	266.05
	大连	240	6.51	294.02
	济南	359	4.61	483.57
	青岛	784	11.89	2343.63

北京是我国政治、经济、文化和科技创新中心，在推动数字创意产业发展方面具有得天独厚的优势。2012 年，北京加入联合国全球创意城市网络，被命名为“设计之都”。一方面，北京的信息技术产业高度发展，计算机软件、网络和服务产业发展全国领先，拥有以中关村为代表的具有全球竞争力的信息产业集聚区。另一方面，北京具有非常好的文化产业发展基础。2017 年，北京文化及相关产业增加值达 2700.4 亿元，占 GDP 的比重为 9.64%，这一比例全国最高。② 按照《文化及相关产业分类（2018）》新标准进行统计，2018 年 1—12 月，北京市规模以上文化产业收入合计 10703 亿元，同比增长 11.9%。其中，文化核心领域收入合计 9292 亿元，同比增长 14.1%③。从统计数据来看，北京文化核心领域收入占总收入的比例达到 86.81%，说明北京文化及相关产业发展以内容创意生产为主要驱动。

① 国家统计局社会科技和文化产业统计司，中宣部文化体制改革和发展办公室 . 文化及相关产业统计年鉴 2018［M］. 北京：中国统计出版社，2018：68，103.

② 国家统计局社会科技和文化产业统计司，中宣部文化体制改革和发展办公室 . 文化及相关产业统计年鉴 2018［M］. 北京：中国统计出版社，2018：35.

③ 北京市统计局 . 规模以上文化产业情况［EB/OL］. http://tjj.beijing.gov.cn/tjsj/yjdsj/whcy/2018/201902/t20190201_416257.html.

天津是华北地区特大中心城市，是我国北方最大的港口城市，是环渤海地区经济的中心。2017 年，天津文化及相关产业增加值达 619.8 亿元，占 GDP 的比重为 3.34%。天津有规模以上文化及相关产业企业 911 家，从业人员 10.10 万人，实现主营业务收入 1748.28 亿元。① 在动漫和影视产业发展方面，天津已具有较好的基础。山东省电影电视产业发展基础良好。山东影视传媒集团是山东文化产业的旗舰企业，出品的《闯关东》《父母爱情》《琅琊榜》等影视作品取得了良好的社会效益和经济效益。2017 年，在环渤海区域中，青岛的规模以上文化及相关产业企业实现的主营业务收入达 2343.63 亿元②，在区域重要城市中仅次于北京，已经形成了较为完整的电影电视产业体系。此外，沈阳、石家庄、大连、保定、唐山等其他区域中心城市也具有发展数字创意产业的良好基础。

2. 政策支持

国家层面的《京津冀协同发展规划纲要》和《环渤海地区合作发展纲要》两份重要文件，对充分发挥北京的辐射带动作用、促进本区域内数字创意产业的协同联动发展具有指导意义。

北京市高度重视数字创意产业的发展，先后制定发布了《北京市文化创意产业分类标准》《北京市促进文化创意产业发展的若干政策》《北京市文化创意产业集聚区认定和管理办法》《北京市文化创意产业发展专项资金管理办法》等政策文件。2018 年 6 月，北京市政府发布《关于推进文化创意产业创新发展的意见》，提出“全面推动文化科技融合，打造数字创意主阵地”，“率先布局内容版权转化，形成文化创新策源地”。重点支持创意设计、媒体融合、广播影视、出版发行、动漫游戏、文博非遗、演艺娱乐等产业发展。这些政策措施将整合北京市现有的科技、文化资源，有力促进北京市数字创意产业发展。

①② 国家统计局社会科技和文化产业统计司，中宣部文化体制改革和发展办公室 . 文化及相关产业统计年鉴 2018［M］. 北京：中国统计出版社，2018：35.

天津市先后制定发布了《天津文化产业振兴规划》《天津市文化改革发展“十三五”规划》等政策文件引领本市文化产业发展。河北省先后制定发布了《河北省文化产业发展“十三五”规划》《关于推动全省文化产业加快发展的若干意见》等政策文件，大力推动文化产业发展。辽宁省先后制定发布了《辽宁省文化产业振兴规划纲要》《辽宁省“十三五”时期文化改革发展规划》等政策文件，推动本省文化产业发展。山东省先后制定发布了《山东省“十三五”时期文化改革发展规划》《大力推进全域旅游高质量发展实施方案》《“十三五”时期山东省文化科技发展规划》《山东省影视产业发展规划（2018—2022）》等政策文件，大力推动文化科技融合、影视、文化旅游等产业发展。

3. 重点园区

北京市根据文化创意产业集聚规律，制定发布了《北京市文化创意产业功能区建设发展规划（2014—2020年）》，对文化创意产业的空间布局进行了系统科学的安排，提出建设“一核、一带、两轴、多中心”的空间布局，促进形成“两条主线带动，七大板块支撑”的产业空间集聚。其中，依托中关村海淀园建设文化科技融合示范功能区，引导文化软件服务、互联网信息服务、文化增值电信服务、移动互联网等产业的集聚，促进人工智能、大数据、云计算相关产业的集聚和发展。依托中关村东城园和石景山园建设动漫网游及数字内容功能区，引导版权交易、衍生品授权行业发展，促进动漫、网络游戏产业发展。北京重点建设通州九棵树数字音乐集聚区、CBD—定福庄国际传媒产业走廊功能区、中国（怀柔）影视产业示范区、丰台国家数字出版基地、DRC工业设计创意产业基地等园区或功能区。

天津市文化产业发展的空间布局主要沿4条产业带展开，依托中心城区建设都市文化产业带、滨海新区建设新兴文化产业带、各区县建设特色文化产业带、北部山区建设休闲旅游文化产业带。重点建设中新生态城国家动漫产业综合示范园区、3D 影视创意园区、国家级文化和科技融合示范基地、国家影视网络动漫实验园区、国家数字出版基地、国际工业设计园区、国家级新闻出版技术装备产业园。其中，天津国家动漫园依托天津国家超级计算中心，为企业提供动作捕捉、动漫三维建模和渲染服务。目前，天津国家动漫园已成为我国重要的动漫产业集聚区之一。

河北省重点建设石家庄国家动漫产业发展基地创业孵化园、石家庄高新技术开发区国家软件开发产业园、廊坊大厂影视产业园、河北大学科技文化产业园、河北出版传媒集团数字印刷产业园等文化产业园区。辽宁省主要依托沈阳和大连建设文化产业集群。沈阳依托自身厚重历史文化和重工业遗存，建设棋盘山国家级文化产业示范区、沈阳皇城里文化产业园、铁西区文化创意园区、1905 文化创意园、31 街区等文化集聚区；大连重点建设金石滩文化产业园、旅顺口太阳沟文化产业园等文化产业园区。山东省重点建设青岛影视产业集聚区域，依托东方国际影都影视产业园建设灵山湾影视文化产业区，将其定位为国际一流的影视拍摄基地。目前，东方影都已经成为国内具有较强影响力的影视产业制作基地，是 2019 年上映的我国科幻电影代表作《流浪地球》的主要拍摄场地。在现有基础上，山东省将把东方影都建设成为具有完整的工业化生产体系和高科技含量的世界级电影生产基地。

二、长三角地区数字创意产业发展集群

以上海、南京、杭州为中心，以合肥、苏州、无锡、常州、扬州、宁波等城市为支撑，形成了长三角地区数字创意产业发展集群。

1. 基础条件

长江三角洲地区是我国综合实力最强的经济中心区域，是我国参与经济全球化的主体区域之一，已形成具有世界影响力的先进制造业产业集群，具备良好的信息技术和文化产业发展基础，数字创意产业发展已经具

有相当规模。长江三角洲文化及相关产业基本情况如表 8–6 所示。

表 8–6　长三角区域主要城市规模以上文化及相关产业企业基本情况（2017 年）[①]

区域	城市	企业单位数（家）	年末从业人员（万人）	主营业务收入（亿元）
长三角	上海	2649	43.78	9210.44
	南京	1636	24.23	4457.86
	杭州	1080	15.49	4541.08
	宁波	948	12.56	1186.60

上海是我国经济、金融、贸易、科技创新中心，是国家历史文化名城。2010 年，上海加入联合国创意城市网络，获得“设计之都”称号。2017 年，上海文化产业实现增加值 2081.42 亿元，占 GDP 的 6.79%。[②] 其中，文化核心领域实现增加值 1558.53 亿元，占总增加值的 74.88%。文化相关领域实现增加值 522.88 亿元，占总增加值的 25.12%。2018 年，上海网络游戏产业规模达 709 亿元。[③] 这说明创意内容生产已经成为上海文化产业发展的主要驱动力量。

杭州是长江三角洲的中心城市，是国家历史文化名城。杭州市制定了《建设全国数字内容产业中心三年行动计划（2015—2017）》，重点发展数字娱乐、数字传媒、数字出版三大细分产业。2018 年，杭州市文化创意产业实现增加值 3347 亿元，较上年增长 11.6%。数字内容产业实现增加值 2098 亿元，较上年增长 15.8%。[④] 杭州每年举办的中国国际动漫节已经成为

① 国家统计局社会科技和文化产业统计司，中宣部文化体制改革和发展办公室 . 文化及相关产业统计年鉴 2018［M］. 北京：中国统计出版社，2018：68，103.

② 国家统计局社会科技和文化产业统计司，中宣部文化体制改革和发展办公室 . 文化及相关产业统计年鉴 2018［M］. 北京：中国统计出版社，2018：35.

③ 上海市委宣传部文化改革发展办公室 .2018 年上海文化产业发展报告［EB/OL］. https://www.sohu.com/a/303458661_179557.

④ 杭州市统计局 . 2018 年杭州市国民经济和社会发展统计公报［EB/OL］. http://www.hz.gov.cn/art/2019/3/4/art_805865_30593279.html.

具有较强国际影响力的大型动漫展会。

南京是我国东部地区特大中心城市，是国家历史文化名城。2019 年一季度，南京市规模以上文化企业实现营业收入 657.92 亿元，同比增长 12.9%。其中，文化核心领域实现营业收入 429.83 亿元，占总收入的比例达 65.3%。[①] 创意内容生产已经成为南京文化产业发展的主体。

2. 政策支持

《长江三角洲城市群发展规划》对促进本区域内重点城市数字创意产业的协同联动发展具有重要的指导意义。

上海将目标定位为建设“具有国际影响力的文化创意产业中心”，包括建设“全球影视创制中心”“全球动漫游戏原创中心”和“全球电竞之都”。2017 年 12 月，上海印发《关于加快本市文化创意产业创新发展的若干意见》[②]，提出充分发挥市场在文化资源配置中的基础性作用，保持电影电视、动漫游戏、网络音视频、创意设计、表演艺术等产业在全国的领先地位，提升出版、文化装备制造、艺术品行业发展水平。上海同时出台了《关于深入推进文化与金融合作的实施意见》，强化金融对文化产业发展的支持力度。

杭州确立了建设“全国文化创意中心”的战略定位。2017 年 9 月，浙江省发布了《关于加快把文化产业打造成为万亿级产业的意见》。2017 年 12 月，杭州市政府发布了《关于推进杭州市动漫游戏产业做优做强的实施意见》，就杭州文化产业发展的优势产业——动漫游戏产业的发展做出了专门安排。2018 年 9 月，杭州市政府发布了《关于加快建设国际文化创意中心的实施意见》，就建设国际文化创意中心和推进之江文化产业带进行了具体安排，提出建设全球数字内容产业中心、华语影视内容生产中心以

① 南京市统计局 . 一季度南京文化产业发展简析［EB/OL］. http://tjj.nanjing.gov.cn/201905/t20190523_1546223.html.

② 该意见又常被简称为“上海文创 50 条”。

及国际影视产业基地、国际动漫之都和全国游戏产业集聚中心。

南京定位于建设“全国重要文化创意中心城市”。南京市政府先后制定发布了《关于推动文化建设迈上新台阶的实施意见》《南京市推进文化创意和设计服务与相关产业融合发展行动计（2015—2017）》《南京市文化发展专项资金（产业类）管理办法》等政策文件，推动南京市文化创意产业发展。

3. 重点园区

上海先后建设了网络视听产业基地、音乐产业基地、张江数字出版基地、金山绿色创意印刷示范园区等一批国家级产业基地，依托徐汇区建设国家文化出口基地。在游戏产业方面，上海集聚了盛大、巨人、游族等知名游戏企业，年收入超过 1 亿元的企业超过 60 家。在网络音视频产业方面，上海培育和引入了腾讯影业、企鹅影视、哔哩哔哩、PP 视频、喜马拉雅 FM、蜻蜓 FM 等一批重点企业。在电子竞技产业方面，上海已经形成了完整的产业链条，全国 80% 的电子竞技公司、俱乐部、明星资源在上海集聚。①

杭州先后建设了文化科技融合示范基地、数字出版产业基地、数字娱乐产业示范基地、动画产业基地等国家级文化产业基地。围绕数字内容产业发展，杭州市主要沿之江文化产业带进行布局，以滨江高新区、西湖区、萧山区为重点，建设中国移动手机阅读基地、国家级音乐产业基地、影视产业国际合作实验区、西湖数字娱乐产业园、白马湖生态创意城等产业园区，并沿着之江文化产业带向上下进行辐射。培育和引入了网易、咪咕数字阅读、天翼数字阅读、华策影视、玄机科技、中南卡通等一批重点企业。

南京市依托新城科技园建设南京游戏谷产业发展基地，配套建设数字

① 上海市委宣传部文化改革发展办公室 . 2018 年上海文化产业发展报告［EB/OL］. https://www.sohu.com/a/303458661_179557.

文化产业公共技术服务平台，引入咪咕互娱、原力动画等重点动漫游戏企业。依托工业遗产发展创意设计和工业设计集聚区域，建设国家级文化科技融合示范基地。此外，苏州市依托中新两国合作建设的苏州工业园区，重点集聚数字娱乐、动漫游戏、创意设计相关企业。常州创意产业园推动软件产业与数字创意产业的融合发展，已成为国家级文化科技融合示范基地、文化产业示范基地、动画产业基地，产业集聚效果显著。

三、珠三角地区数字创意产业发展集群

以广州、深圳为中心，珠海、佛山、中山、顺德等城市为支撑，同时在《粤港澳大湾区发展规划纲要》的总体布局下，与香港、澳门特别行政区形成良好协作关系，形成了珠三角地区数字创意产业发展集群。

1. 基础条件

珠江三角洲地区是我国较发达的经济中心区域之一，是我国参与经济全球化的主体区域之一，已形成具有世界影响力的先进制造业和现代服务业产业集群。由于具备良好的产业发展基础，珠三角地区已发展为我国较成熟的数字创意产业集群之一。珠三角区域文化及相关产业基本情况如表8-7所示。

表 8-7　珠三角区域主要城市规模以上文化及相关产业企业基本情况（2017 年）①

区域	城市	企业单位数（家）	年末从业人员（万人）	主营业务收入（亿元）
珠三角	广州	2148	32.75	3401.06
	深圳	2337	51.94	7296.36

广州是国家中心城市，是珠江三角洲城市群的中心城市。广州具有良好的互联网产业发展基础，广州市天河区是我国重要的互联网产业集聚区。近年来，广州重点发展动漫游戏、网络音乐、数字出版、文化旅游等

① 国家统计局社会科技和文化产业统计司，中宣部文化体制改革和发展办公室．文化及相关产业统计年鉴 2018［M］．北京：中国统计出版社，2018：103.

文化业态。引入和培育了网易、腾讯、酷狗、奥飞动漫、星原文化、UC 等重点企业。其中，动漫游戏产业是广州文化创意产业的优势产业。2017 年，广州游戏产业的营业收入达 482.2 亿元，居全国城市第二位。[①] 广州动漫游戏企业出品了《大话西游》《梦幻西游》《猪猪侠》《喜羊羊与灰太狼》《巴啦啦小魔仙》等在国内具有较大影响力的动漫游戏作品。广州金融产业与文化创意产业之间形成了良好的共生支持关系。广州金融行业针对文化创意产业特点，创新金融产品。社会资本也积极支持文化产业发展，成立了多个文化产业发展基金，以解决行业痛点为导向，重点支持动漫、电影等产业发展。

深圳是我国首批设立的经济特区之一，是珠三角地区的中心城市。2003 年，深圳提出“文化立市”的基本战略。2008 年，深圳加入联合国全球创意城市网络，被命名为“设计之都”。经过 10 多年发展，深圳文化创意产业已经成为深圳四大支柱产业之一。[②] 2018 年，深圳市文化及相关产业规模以上企业实现增加值 1560.52 亿元，较上年增长 6.3%。属于战略性新兴产业的数字经济产业实现增加值 1240.73 亿元，较上年增长 3.8%。[③] 在全国范围内，深圳文化创意产业的总体规模仅次于北京、上海，居全国第三位。《熊出没》等动漫作品在海外市场取得良好成绩。深圳市依托自身现代制造业、金融业发达、科研实力强的优势，逐步形成了具有自身特色的“文化 + 科技”“文化 + 金融”“文化 + 旅游”的产业发展模式。深圳文化创意产业与制造业、金融业的融合程度高，总体效益好，国际影响力较强。

除广州、深圳 2 个特大城市以外，珠江三角洲地区的珠海、东莞、顺

① 广州市社会科学院 . 广州文化创意产业发展报告（2018）[M] . 北京：社会科学文献出版社，2018.

② 深圳市四大支柱产业是指金融业、物流业、文化及相关产业、高新技术产业。

③ 深圳市统计局 . 深圳市 2018 年国民经济和社会发展统计公报［ EB/OL ］. http://www.sz.gov.cn/sztjj2015/xxgk/zfxxgkml/tjsj/tjgb/201904/t20190419_16908575.htm.

德、佛山等城市也具备良好的数字创意产业或相关产业发展条件。

2. 政策支持

广州市将目标定位为建设“国际性文化产业枢纽城市”，先后制定和发布了《广州市推进文化金融融合发展的实施意见》《关于促进我市文化与科技融合的实施意见》《广州市推进文化创意和设计服务与相关产业融合发展行动方案（2016—2020）》。2018 年 12 月，广州市制定并发布了《关于加快文化产业创新发展的实施意见》，提出建设“全球文化创意设计之城”“全球文化装备制造中心”“全国艺术产业中心”“动漫游戏产业之都”和“全国电子竞技中心”。大力发展网络文学、网络视频、数字出版、数字音乐等数字内容产业。重点支持动漫原创开发，促进动漫“全产业链”和“全年龄段”发展，培育一批具有国际影响力的动漫游戏品牌。

深圳市将目标定位为建设“创意创新引领潮流、文化科技特色鲜明、文化形象开放时尚、文化产业充满活力的国际文化创意先锋城市”和“具有世界影响力的创新创意之都”。深圳市先后制定了《深圳市文化产业促进条例》《深圳文化创意产业振兴发展政策》《关于深入推进文化金融合作的意见》《关于促进对外文化贸易的实施意见》《深圳文化创新发展 2020（实施方案）》。深圳市着力构建以质量型内涵式发展为特征的现代文化产业体系，重点发展创意设计、影视动漫、新媒体及文化信息服务、文化软件及游戏、数字出版、文化旅游、演艺音乐、高端工艺美术、高端印刷、高端文化设备 10 个细分产业。通过文化创意产业的发展，带动和促进消费电子、服装、家具等关联产业转型升级。

3. 重点园区

广州市数字创意产业发展布局主要以北京路文化核心区为中心，沿“一江两岸”文化产业带展开，具体包括国家级文化科技融合示范基地、动漫游戏中心、影视基地、音乐基地、国家广告产业园、羊城创意产业园等重点园区，同时建设配套的版权交易中心和文化金融服务中心。

深圳有计划、成体系地引导和推动数字创意产业集聚发展，已经产生了明显的产业集聚效应。深圳市对文化产业园区实行动态认证管理，每个园区确定一家运营企业，根据园区实际运行情况进行动态调整。截至 2019 年 4 月，深圳市共认定了华侨城创意文化园、F518 创意园、深圳国家动漫画产业基地、深圳广播电影电视集团文化创意产业园、中芬设计园等 61 家重点园区，[①] 有力地促进了深圳数字创意产业的集群化发展。深圳培育了腾讯、华强方特、华侨城集团、雅昌等一批数字创意重点企业。通过定期举办中国（深圳）国际文化产业博览交易会，搭建国际化交易平台，提升国内外文化贸易，促进生产要素的集聚和集中。

四、中西部地区数字创意产业发展集群

我国数字创意产业发展的环渤海、长江三角洲、珠江三角洲三大产业集聚区都位于东部沿海地区。近年来，我国中西部地区部分中心城市的数字创意产业发展也开始起步，并具备了一定的规模。以下将对位于中西部地区的成都、重庆、西安、武汉 4 个副省级城市和区域中心城市进行重点分析。

1. 基础条件

中西部地区土地辽阔，是华夏文明的主要发祥区域，拥有丰富的历史文化资源。中西部地区的部分国家中心城市和区域中心城市，有较好的制造业、信息技术产业、文化产业发展基础，具备良好的数字创意产业发展条件。其文化及相关产业情况如表 8–8 所示。

① 深圳市文化广电旅游体育局 . 关于公布市级文化产业园区认定结果的通知［EB/OL］. http://www.sz.gov.cn/wtlyjnew/ztzl_78228/tszl/whcy/shgg/201904/t20190428_17120522.htm.

表 8-8 中西部地区部分中心城市规模以上文化及相关产业企业基本情况（2017 年）[①]

区域	城市	企业单位数（家）	年末从业人员（万人）	主营业务收入（亿元）
中西部	重庆	1018	13.37	1327.86
	武汉	726	15.87	1295.05
	成都	604	11.82	1218.86
	西安	445	5.47	522.81

成都是我国西南地区特大中心城市、国际中心城市、四川省省会、国家历史文化名城。2010 年 2 月，成都正式加入联合国创意城市网络，被命名为“美食之都”。按成都市统计口径，2018 年，成都市文化创意产业增加值实现 1129 亿元，占地区生产总值的比重达到 7.4%。[②] 如表 8-8 所示，2017 年，成都有规模以上文化及相关产业企业 604 家，从业人员 11.82 万人，实现主营业务收入 1218.86 亿元。[③] 按照四川省关于推进形成“一干多支，五区协同”发展格局的总体要求，成都正在加快与周边德阳、眉山、资阳的一体化进程，其城市发展格局已经由以往“两山夹一城”的单中心四向辐射布局，向“一山连两翼”的双城布局转化。成都市文化产业发展基础好，先进制造业、电子信息产业发展迅速，为数字创意产业的发展提供了良好的基础条件。在政府的大力推动下，成都数字创意产业已经展现出良好的发展势头。

重庆是我国西南地区特大中心城市，四大直辖市之一，国家历史文化名城，与成都同属巴蜀文化圈，重庆与成都共为成渝经济区的两大中心城市。2017 年，重庆文化及相关产业实现增加值 596.9 亿元，占 GDP 的

① 国家统计局社会科技和文化产业统计司，中宣部文化体制改革和发展办公室．文化及相关产业统计年鉴 2018［M］．北京：中国统计出版社，2018：68，103.

② 成都市统计局 .2018 年成都市国民经济和社会发展统计公报［EB/OL］. http://www.cdstats.chengdu.gov.cn/htm/detail_145407.html.

③ 国家统计局社会科技和文化产业统计司，中宣部文化体制改革和发展办公室．文化及相关产业统计年鉴 2018［M］．北京：中国统计出版社，2018：68，103.

3.07%。[①] 重庆有规模以上文化及相关产业企业 1018 家，从业人员 13.37 万人，实现主营业务收入 1327.86 亿元。[②] 目前，重庆已初步形成包括十大门类在内的完整文化产业发展体系。2018 年，重庆市战略性新兴产业高速增长。其中，与数字创意产业发展相关的智能手机、液晶显示屏产业分别增长 59.4% 和 56.2%。[③] 重庆推动数字创意产业发展条件良好。

西安是我国西北地区特大中心城市，陕西省省会，国家历史文化名城。2017 年，西安有规模以上文化及相关产业企业 445 家，从业人员 5.47 万人，实现主营业务收入 522.81 亿元。[④] 西安影视产业发展态势良好。2017 年，由西安曲江影视出品的《大秦帝国》《白鹿原》《那年花开月正圆》等影视作品在艺术创作上达到了较高的水平，在市场运营上也取得了良好成绩。2018 年，西安计算机、通信和其他电子设备制造业增长 14.8%，战略性新兴产业总产值增长 9.7%，均保持高速增长[⑤]。文化和相关产业的高速发展为西安数字创意产业发展提供了有力支撑。

武汉是我国中部地区特大中心城市，湖北省省会，国家历史文化名城。2017 年 11 月，武汉正式加入联合国创意城市网络，被命名为“设计之都”。2017 年，武汉市文化产业实现增加值 619.10 亿元，比上年增长 29.7%，占 GDP 的比重达到 4.62%。武汉的创意设计服务、内容创作生产、文化传播渠道、文化辅助生产和中介服务四大类产业的营业收入均达到百亿量级，合计收入为 1111.01 亿元。同时，创意设计、动漫游戏、短

---

① 国家统计局社会科技和文化产业统计司，中宣部文化体制改革和发展办公室 . 文化及相关产业统计年鉴 2018［M］. 北京：中国统计出版社，2018：35.

② 国家统计局社会科技和文化产业统计司，中宣部文化体制改革和发展办公室 . 文化及相关产业统计年鉴 2018［M］. 北京：中国统计出版社，2018：68，103.

③ 重庆市统计局 .2018 年重庆市国民经济和社会发展统计公报［EB/OL］. http://tjj.cq.gov.cn/tjsj/shuju/tjgb/201903/t20190319_454564.htm.

④ 国家统计局社会科技和文化产业统计司，中宣部文化体制改革和发展办公室 . 文化及相关产业统计年鉴 2018［M］. 北京：中国统计出版社，2018：68，103.

⑤ 西安市统计局 . 西安市 2018 年国民经济和社会发展统计公报［EB/OL］. http://tjj.xa.gov.cn/ptl/def/def/index_923_6225_ci_trid_3129470.html.

视频等新兴产业迅速发展。①2017年，武汉有规模以上文化及相关产业企业726家，从业人员15.87万人，实现主营业务收入1295.05亿元。②2018年，武汉信息技术产业、旅游服务业、体育服务业营业收入较上年分别增长21.5%、23.6%、21.2%。③综合来看，武汉数字创意产业发展已展现出良好态势。

2. 政策支持

成都、重庆共同处于四川盆地区域。2011年5月，国务院正式批复《成渝经济区区域规划》，将成渝经济区定位于我国西部的经济中心区域、现代产业发展基地、新经济增长极。该规划对成都、重庆2个特大中心城市数字创意产业的协同联动发展具有重要的指导意义。

成都定位为建设“西部文创中心”和“世界文化名城”，成为“非遗之都”“音乐之都”“设计之都”和“会展之都”。四川省政府2012年发布的《关于加快推进文化产业发展的意见》中明确要求，把成都建设成为全省文化产业核心发展区，发挥成都对全省文化产业发展的辐射带动引领作用。成都市先后制定发布了《成都市文化产业发展“十三五”规划》《引导城乡居民扩大文化消费试点工作的实施方案（2017—2020年）》《建设西部文创中心行动计划（2017—2022）》等政策文件。成都市积极引进和培育数字创意产业的龙头企业和国际化品牌，设立支持文化创意产业、音乐产业发展的专项基金。成都在产业发展领域上有三个层次的布局。第一，加快发展信息产业、传媒产业、会展产业、创意设计等优势文化产业。在信息产业领域，重点发展信息服务、咨询服务、网络游戏、动漫漫画、电子竞技等细分产业形态；在传媒产业领域，重点发展广播、电影、

① 武汉市统计局．创新政策增强发展后劲“老城新生”打造“设计之都”——2017年武汉文化产业发展情况分析［EB/OL］. http://tjj.wuhan.gov.cn/details.aspx?id=4315.

② 国家统计局社会科技和文化产业统计司，中宣部文化体制改革和发展办公室．文化及相关产业统计年鉴2018［M］. 北京：中国统计出版社，2018：68，103.

③ 武汉市统计局．2018年武汉市国民经济和社会发展统计公报［EB/OL］. http://tjj.wuhan.gov.cn/details.aspx?id=4368.

电视、新闻、数字出版等细分产业形态；在会展产业领域，重点提升成都在专业会议、大型赛事、博览会、展览会等方面的服务能力；在创意设计产业领域，重点发展工业设计、建筑设计等细分产业形态。第二，突出发展音乐、艺术、广告、非物质文化遗产保护与开发、文化设备等特色文化产业。其中，成都将音乐产业的发展置于突出位置，通过培育和引进领军企业和完善本地音乐产业价值链，建设国家音乐产业高地。第三，促进文化创意产业与科技、金融、旅游、体育、工业、农业、商贸等产业的融合发展。

重庆定位于建设“与国家中心城市相适应的文化强市”。重庆市先后制定发布了《关于推进全市文化市场改革加快文化产业发展的意见》《关于支持特色文化产业加快发展的实施意见》《推进文化与旅游融合发展的意见》《推进文化创意和设计服务与相关产业融合发展的实施意见》《促进文化金融合作的实施意见》《重庆市文化发展“十三五”规划》等政策文件。建设公共文化、文化产业、创作生产、现代传播、文化传承、文化保障六大体系。培育和引进文化市场主体，引导文化产业规模化、集约化发展。重庆市根据自身实际，巩固发展新闻出版、广播影视、表演艺术三个传统产业，强化发展文化制造业、创意内容与设计、互联网文化服务三个新兴产业，培育发展文化旅游、工艺美术、会展产业三个潜力产业。

西安定位于建设“富有东方历史人文特色的国际化大都市”“丝路文化高地”。西安先后制定发布了《大西安历史文化旅游发展规划纲要》《建设“音乐之城”实施方案》《西安市建设“丝路文化高地”行动计划（2017—2021）》《关于补短板加快西安文化产业发展的若干政策》《西安市文化产业倍增计划》等政策文件。西安市整合财政、金融和重点企业力量，设立了规模为5亿元的西安市文化产业发展基金，引导社会资本进入文化产业。西安根据自身特点，巩固提升发展影视、文化旅游、演艺、出版印刷4个优势产业，大力发展以影视装备、舞台装备、游艺娱乐装备、移动互联装备为重点的文化制造业，加快发展动漫游戏、电子竞技、数字出版、现代传媒、工艺设计、会展等文化新兴产业。

武汉定位于建设“全球创意城市网络设计之都”“全国性时尚设计之都”“全国性文化科技融合示范中心”。2019 年 2 月，湖北省制定发布的《关于加快全省文化产业高质量发展的意见》，将武汉确定为湖北省文化产业发展核心区。武汉市先后制定发布了《武汉市文化产业振兴计划（2012—2016）》《武汉市关于加快文化产业发展的若干政策》《国家级文化和科技融合示范基地建设实施方案（2012—2015）》《传统媒体和新兴媒体融合发展实施方案》《武汉市文化产业发展“十三五”规划》《关于加快文化产业创新发展若干政策的通知》等政策文件。武汉市重点发展以工程设计、时尚设计、工业设计为主体的创意设计产业，以动漫游戏、文化软件、移动互联网文化应用、虚拟现实为主体的数字内容服务产业，以新媒体、电影电视为主体的传媒产业。在政策导向上，武汉重视促进文化产业与金融、休闲、商贸、制造、农业的融合发展。

3. 重点园区

成都市积极促进文化创意产业的集聚发展。成都文化产业发展的空间布局是：依托中心城区和天府新区建设产业发展的“双核”，同时沿龙门山和龙泉山建设产业发展的“两带”。中心城区重点发展音乐产业、文博产业、艺术产业、休闲产业等产业形态；天府新区重点发展创意设计、数字媒体、数字出版、动漫产业、游戏产业等产业形态。龙门山发展带主要发展文化旅游产业，龙泉山发展带主要发展旅游休闲、创意设计、动漫游戏等产业形态。在这一总体布局下，重点建设东村文化产业集中发展区、蓝顶艺术区、腾讯西部创新创业中心、峨影 1958 国际影视创意孵化园、东郊记忆音乐产业集聚区、成都东软数字创意文化产业园、绿地 468（西部）文创中心等文化创意产业园区，中国西部文化产业园数字出版基地、三岔湖国际影视文化创意产业基地、西部智谷文化创意产业园、东郊记忆·互联网创意产业园、郫都电竞数字内容创意产业园、简阳ACG时空动漫影视文化中心等文化创意产业园区。

重庆市文化产业发展主要沿长江两岸进行空间布局，建设长江文化产业带。具体而言，依托都市功能核心区建设文化资本集聚区，重点发展“文化+金融”和“文化+商贸”的产业形态；依托都市功能拓展区建设新兴文化拓展区，重点发展“文化+科技”的产业形态；依托城市发展新区建设文化生产配套区，重点发展“文化+制造业”的产业形态；依托渝东北生态涵养发展区和渝东南生态保护发展区建设文化生态旅游区，重点发展“文化+旅游”和“文化+农业”的产业形态。同时，重点建设北部新区国家数字出版基地、两江新区文化科技融合示范区、重庆华岩动漫产业园、九龙半岛文化创意设计区、涪陵印刷包装产业园区等文化创意产业园区，促进文化创意产业的空间集聚。

西安重点建设以“曲江新区—楼观道文化展示区—白鹿原—临潼景区”等区域为依托的文化产业集聚发展走廊。其中，曲江新区已经显现出明显的产业集聚效应。新区内的369互联网创新创业基地、创客大街、大西互联网产业园、西影电影产业集聚区、曲江创意谷、量子文化产业城已成为电影电视、动漫游戏、电子竞技、智慧旅游、音乐、设计等文化创意产业的重要集聚区域。曲江文化产业投资集团连续7年被评选为全国文化企业30强。除曲江新区外，西安高新区还被商务部、中宣部、文化和旅游部、国家广播电视总局共同认定为首批“国家文化出口基地”。西安还以高新区和碑林动漫平台为依托，建设动漫产业集聚区。

武汉市文化产业空间布局以长江为主轴展开，主要包括：琴台中央文化艺术区，文化商贸融合带和文化科技融合带，光谷文化科技融合区、汉口沿江历史文化风貌区、武昌文化创意设计产业区、华中智谷数字出版产业区、中央文化传媒商务区五大文化产业战略区域。按照文化与相关产业融合发展的总体思路，建设崇仁艺术品交易板块、青山红房子创意设计板块、汉阳四新地区会展综合服务板块、东湖生态休闲旅游板块、盘龙城—木兰山文化旅游板块、新洲影视衍生产业板块、蔡甸文博收藏板块、东西湖民俗文化休闲板块、江夏文化传承综合板块、龙泉山大明文化旅游板块十大文化产业功能板块，促进文化创意产业及相关产业集聚发展。

第九章　我国数字创意产业的海外市场拓展

中央全面深化改革领导小组第二十九次会议审议通过的《关于进一步加强和改进中华文化走出去工作的指导意见》明确指出：“要加强和改进中华文化走出去工作，创新内容形式和体制机制，拓展渠道平台，创新方法手段，增强中华文化亲和力、感染力、吸引力、竞争力，提高国家文化软实力。”

海外市场拓展是推动我国数字创意产业发展的重要方面，也是增强中华文化全球影响力的重要途径。在数字技术、互联网技术、多媒体技术的支撑下，与传统文化产品相比，数字化的文化产品在制作手段、内容呈现、传播渠道、交互方式、用户体验等方面实现了根本性变革。由于具备更加直接的产品销售渠道、更高的传播效率、更加多样化的用户体验与交互方式，数字化的文化产品可以更加有效地克服文化壁垒，减少传播过程中的“文化折扣”。同时，数字创意产业由于具有特殊的价值链结构和价值运行规律，因而天然地具有全球化的内在基因。从这一意义上讲，推进我国数字创意产业的海外发展，是在互联网时代实施“中华文化走出去”战略、提升中华文化全球影响力、增强我国软实力的重要战略任务之一。

第一节　我国数字创意产业海外拓展的基本情况

一、取得的成绩

近年来，我国文化产品与服务出口和对外文化投资取得了长足进步。在文化产品方面，截至 2018 年底，我国文化产品出口额达 925.3 亿美元，其中文化用品占出口总额的 50.6%，文化专用设备占出口总额的 13.1%。在出口市场方面，广东、浙江、江苏、山东、福建列文化产品出口额的前 5 位，合计占文化产品出口总额的 89.4%。在文化服务方面，2018 年我国文化服务出口额达 72.9 亿美元，较 2017 年增长 18.2%。属于创意核心层的文化娱乐服务、著作权使用费、视听产品许可费的出口总额达 18.7 亿美元，较 2017 年增长 21.4%，占文化服务出口总额的 25.7%。上海、北京、广东、江苏、浙江列出口前 5 位，合计占文化服务出口总额的 91.5%。在对外文化投资方面，截至 2018 年底，我国企业在全球 52 个国家和地区设立了文化及相关产业境外企业 516 家，累积直接投资额达 98.1 亿美元。①

为促进我国文化产品与服务的出口，国家出台了一系列的引导、支持和鼓励措施。例如，2012 年商务部发布的《文化产品和服务出口指导目录》，明确了我国文化出口的重点领域。通过按年度发布国家文化出口重点企业名单和国家文化出口重点项目名单来确定特定年度的重点支持企业与项目。通过设立国家文化产业发展专项资金“推动对外文化贸易发展”转移支付项目来对相关企业进行配套资金支持。通过建立国家文化出口基地，促进我国对外文化出口的产业集聚和集群化发展。近年来，我国版权出口持续稳定增长，如表 9–1 所示。

① 刘昕．2018 年成绩单亮眼 我国文化贸易结构持续优化［EB/OL］. http://coi.mofcom.gov.cn/article/y/gnxw/201903/20190302845626O.shtml.

表 9-1　我国版权输出情况　　单位：项①

项目	年份					
	2012	2013	2014	2015	2016	2017
图书	7568	7305	8088	7998	8328	10670
录音制品	97	300	139	217	201	322
录像制品	51	193	73		18	102
电子出版物	115	646	433	650	1264	1557
软件	2	20	5	2		8
电影					16	2
电视节目	1531	1937	1555	1511	1249	1152
其他	1			93	57	3
输出合计	9365	10401	10293	10471	11133	13816

在文化产品与服务出口稳定增长的大背景下，我国数字创意产业的海外市场拓展也取得了长足进步，尤其是在数字游戏、网络文学、电影、电视剧领域取得了较大突破。在数字游戏领域，2018 年，我国自主研发网络游戏的海外销售收入达 95.9 亿美元，同比增长 15.8%。② 我国生产的移动游戏软件产品在海外市场的下载量超过 32 亿次，同比增长 39%，产生收入超过 61 亿美元，同比增长 49%。③ 同时，我国游戏软件产品的原创性有很大的提高。2018 年，在出口收入位于前 50 位的移动游戏软件产品中，属于原创 IP 的游戏软件在数量上占到 80%，在收入上占到 82.2%。④ 在网络文学领域，我国网络文学出口已覆盖 40 多个"一带一路"沿线国家和地区，先后上线英、法、俄、阿拉伯、日、韩、印尼等 10 多种语言文字版本。在付费阅读、广告、版权交易的支撑下，我国网络文学海外市场总体规模

① 国家统计局社会科技和文化产业统计司，中宣部文化体制改革和发展办公室．文化及相关产业统计年鉴 2018［M］．北京：中国统计出版社，2018：126.

② 中国音数协游戏工委（GPC），CNG 中新游戏研究（伽马数据），国际数据公司（IDC）.2018 年中国游戏产业报告［EB/OL］. http://www.cgigc.com.cn/gamedata/20752.html.

③ APP Annie.2018 年中国移动游戏出海报告［EB/OL］. http://www./199it.com/archives/755338.html.

④ 中国音数协游戏工委（GPC），CNG 中新游戏研究（伽马数据），国际数据公司（IDC）.2018 年中国游戏产业报告［EB/OL］. http://www.cgigc.com.cn/gamedata/20752.html.

将达 300 多亿元。[①] 在电影领域，基于刘慈欣小说改编的硬科幻电影《流浪地球》在海外市场取得了不错的成绩，成为我国科幻电影史上的一个里程碑。以下是 2018 年 1 月至 2019 年 4 月我国数字内容产品在海外市场的综合评价情况。

表 9-2　2018—2019 年度中国文化 IP 海外市场评价排名前 20 位作品 [②]

排序	IP 名称	内容形态	文化元素类型
1	《流浪地球》	小说—电影	硬科幻
2	《妖神记》	网络文学—动漫	玄幻武侠
3	《香蜜沉沉烬如霜》	网络文学—电视剧	玄幻
4	《全职高手》	网络文学—电视剧	当代文化
5	《延禧攻略》	电视剧	历史文化
6	《狄仁杰系列电影》	电影	历史文化
7	《红海行动》	电影	当代文化
8	《一人之下》	动漫	玄幻武侠
9	《斗罗大陆》	网络文学—动漫—游戏	玄幻武侠
10	《知否知否应是绿肥红瘦》	电视剧	历史文化
11	《狐妖小红娘》	动漫	玄幻
12	《熊出没》	动漫—周边	儿童
13	《王者荣耀（国际版）》	游戏	玄幻武侠
14	《天盛长歌》	电视剧—游戏	历史文化
15	《扶摇》	网络文学—电视剧	历史文化
16	《京剧猫》	动漫	京剧文化
17	《恋爱球球》	游戏	休闲
18	《斗破苍穹》	网络文学—动漫—电视剧	玄幻武侠
19	《逆天邪神》	网络文学	玄幻武侠
20	《武极天下》	网络文学	玄幻武侠

① 艾瑞咨询．中国网络文学出海研究报告（2019 年）[EB/OL]．http://www./199it.com/archives/895664.html.

② 谈文化出海《2018—2019 年度文化 IP 评价报告》[EB/OL]．http://www.sohu.com/a/319137230_680597.

从表 9-2 中可以看出，2018 年 1 月至 2019 年 4 月，在海外市场取得较大影响的我国数字内容产品主要涉及网络文学、游戏、动漫、电影、电视剧等内容形态，主要反映了历史、武侠等中国传统文化元素，但反映当代中国文化元素的作品较少。

在出口增长的同时，我国数字创意产业龙头企业主动进行海外平台建设与布局。从 2012 年开始，万达集团先后收购和投资了美国 AMC 院线、澳大利亚 Hoyts 院线、美国传奇影业、英国 Odeon 连锁影院、北欧院线集团，成为世界范围内最大的电影院线集团之一。从 2011 年开始，腾讯公司先后收购和投资了美国 Riot Games 公司和 Epic Games 公司、韩国 CJ Games、新加坡 Level up 游戏平台公司，有效增强了自身在全球范围内的游戏开发能力。2018 年 5 月，腾讯与英国国际贸易部签署合作协议，在数字创意领域展开合作。上述投资在具体运营层面取得了一定成功，但也暴露出一些问题，需要进一步总结提升。

二、存在的不足

我国数字创意产业海外市场拓展取得了较为显著的成效。但是在这一过程中，也暴露出我国数字创意产业在创意与创新能力、产品运营能力、全球价值链掌控等方面的不足。

第一，我国数字创意产业的整体国际竞争力不足，尤其缺乏具有国际市场竞争力的跨国文化品牌和大型跨国文化企业集团。

第二，我国数字创意产业的内容缺乏创意，创新性不足。对我国丰富的文化资源进行有效整合、集成与创新的能力不足。

第三，我国数字创意产业的核心技术基础还较为薄弱，尤其是关系我国数字创意产业国际核心竞争力的重大基础技术装备等，这将影响我国数字创意产业产品开发环节的总体质量。

第四，我国数字创意产业的海外传播体系还不成熟。在传播媒介、传播方式、传播渠道等方面与目标市场消费者的习惯与偏好存在脱节。

第五，缺乏核心营销平台和渠道，难以进入海外主流市场。我国很多数字内容产品仅仅在海外华人市场具有一定的影响力，没有真正进入海外主流市场，出口对象较为单一。

第六，缺乏贯通国际、国内两个市场的全产业链运营体系，价值链在时间和空间上的延伸较短。基于版权交易的全版权开发规模小，基于优势品牌的品牌授权和品牌运营的规模不足。

总体而言，我国数字创意产业在全球价值链中总体处于低端地位，在内容创意、技术开发等核心环节总体处于劣势。

第二节　我国数字创意产业海外拓展的主要影响因素

从我国数字创意产业海外市场拓展的实际情况来看，影响我国数字创意产业海外市场拓展成效的关键因素主要有全球价值链、文化壁垒与文化折扣、内容创意与话语体系、营销渠道与合作平台和文化贸易结构。

一、全球价值链

全球价值链（GVC）是由美国杜克大学教授 Gereffi 于 20 世纪 90 年代提出的重要概念，是分析商品与服务的跨国生产、流动与消费过程的有力理论工具（Gereffi，G.，Humphrey，J and Sturgeon，T.，2005）。依据该理论，发达经济体可以通过对某一产业全球价值链条上高端核心环节的控制，实现对处于全球价值链条上低端环节的国家或地区产业的“俘获”与“锁定”，由此在整个全球价值链上取得非常高的价值分配比例，并实现对世界范围内相关产业的控制。具体而言，发达经济体在全球价值链上的控制行为是通过主导型跨国企业来完成的。这一理论揭示了许多发展中经济体的部分传统行业，虽然长期参与国际分工，但通过国际贸易获得的附加值低，产业结构畸形，产业升级陷入停滞。

对大部分传统产业而言，其全球价值链已经形成了较为固定的分工模式和价值分配结构。发展中经济体想要在这些产业中实现价值链地位的攀升是非常困难的，除非重大的技术进步或国际市场变化对原有产业结构形成较大冲击。当前，发达经济体通过巨型跨国文化企业集团，在数字创意产业全球价值链上占有相对优势地位。例如，美国的时代华纳、迪士尼、梦工厂、皮克斯等大型跨国文化企业集团在动漫、电影、数字特效、数字媒体等领域都占有明显的优势地位，控制了相关产业链的核心部分。尤其是在内容创意和数字技术这两个核心环节，相关企业在自有知识产权和核心技术的支撑下，具有非常强大的核心竞争力与全球竞争力。

但是数字创意产业具有与传统产业完全不同的全球价值链结构与内在运行机理。有学者通过系统研究指出，数字创意产业的全球价值链与传统制造业相比，在研发、生产、产品、审查、营销、物流、消费、特征效应、生命周期等方面存在显著差异。同时，由于创意具有可多次复用与再创造的性质，数字创意产业的全球价值链还具有衍生效应、共享效应、嫁接效应和外溢效应（臧志彭，2018），由此实现价值的叠加式倍增。因此，数字创意产业在全球范围内的发展，为发展中经济体提供了一个极为难得的产业发展机遇。

从本质上看，全球价值链是国内市场价值链条延伸到国际市场，并在全球范围内根据比较优势进行生产分工和价值分配的结果。因此，一个国家想要在数字创意产业的全球价值链上取得优势地位，基本前提是自身数字创意产业在国内市场形成较为完整的价值链结构，并在内容创意与数字技术两个关键环节形成核心优势。近年来，我国数字创意产业呈现出高速发展的良好态势，已经在数字创意产业的若干细分产业或相关产业形成了具有较强实力的综合性企业集团，如阅文集团（网络文学）、腾讯（动漫游戏）、网易（游戏、数字音乐）、阿里巴巴（影视）、万达（电影院线）等。总体来看，这些企业已经具备了较强的国际价值链拓展、布局与运营能力，这为我国数字创意产业在全球价值链中取得相对优势地位，形成国际竞争优势提供了条件。

二、文化壁垒与文化折扣

在国际贸易中，“文化壁垒”的概念是与“技术壁垒”相对应的。文化壁垒是指不同文化圈、国家、地区具有不同的民族、宗教、语言、文化传统与特性，由此造成的文化差异对国际贸易造成的无形障碍（Barkema，H G and Pennings，J M，1996）。对文化产品而言，这种无形障碍造成的影响较一般商品更加明显。“文化折扣”的概念则是“文化壁垒”概念的进一步延伸，文化折扣是指具有特定文化背景的消费者，在对异质文化产品进行购买决策的过程中，所表现出的理解困难和认同障碍，并由此导致异质文化产品的消费者价值的降低（Hoskins，C and Mirus，R，1988）。我国数字创意产业的海外市场拓展面临的环境是复杂和多样的，必须充分考虑不同文化圈、国家、地区之间的文化差异性和目标市场的特点，在内容创意、话语表达、传播方式、营销推广、消费者互动等环节，有针对性地进行策划与设计，最大限度地放大文化共通点，减小文化壁垒与文化折扣的影响。

三、内容创意与话语体系

我国所拥有的文化资源的丰富性、多样性、独特性是世界上许多国家和地区无法比拟的。但是从产业实践来看，我国所拥有的大量优秀文化资源未能够在产业链条中通过有效的内容创意进入下一步的产品开发环节，导致无法进入世界文化市场。

内容创意是决定文化资源能否有效转化为文化产品的关键环节。当前，我国数字创意产业在内容创意环节，普遍存在同质化、缺乏创新性和核心技术支撑等问题，这些问题已经成为制约我国数字创意产业发展和海外拓展的重要因素。进一步看，在当前西方文化价值体系与话语体系在世界范围内居于相对优势地位的情况下，我国数字创意产业海外拓展的一个重要任务就是通过成功的内容创意，构建具有鲜明中华文化特色，能够为海外目标市场消费者所认同、分享、传播的价值体系和相应的话语体系。这是比单纯输出中国文化元素更为根本性的任务，也是提高我国数字创意产业海外竞争力的根本途径。

四、营销渠道与合作平台

营销渠道与合作平台是影响我国数字创意产业海外拓展的重要因素。从我国数字创意产业海外拓展的实践来看，营销渠道与合作平台主要可以分为线上和线下两大类型。

线上渠道和平台，主要是指支撑数字化文化产品传播、分发、交易的互联网平台和应用市场。以游戏产业为例，游戏产业之所以能取得较其他产业更为突出的市场成绩，一个重要原因是游戏产品主要通过成熟的应用软件交易分发平台直接进入海外目标市场，并能为消费者所直接下载和应用。这绕开了传统国际贸易中进入海外市场过程中存在的诸多有形或无形壁垒，大大提升了和海外目标市场消费者进行有效接触的机会与频率，从而提升了游戏产业海外拓展的整体绩效。

线下渠道和平台，主要是指支撑海外市场拓展的各类实体平台，如在目标市场拥有成熟营销网络和本地合作关系的制作、出版、发行、播映等涉及数字创意产业各价值链环节的实体机构，也包括促进海外交易的各类中介服务机构和相关展会。

当前，我国数字创意企业已经认识到了海外营销渠道与合作平台的重要性，并积极开展海外平台的搭建和运营工作。

五、文化贸易结构

我国文化产业和数字创意产业的对外文化贸易总体规模偏小，国际贸易结构存在结构性逆差。从我国文化产业的总体出口情况来看，存在三个方面的不平衡和矛盾。

第一，总量与质量的矛盾。我国电影、电视剧、出版物、动画的年产量居于世界前列，但总体上缺乏国际竞争力和市场影响力。

第二，文化制造品与核心创意产品的矛盾。剔除文化相关制造产品的出口后，核心创意性文化产品的出口为逆差。

第三，传统文化产品与新兴文化产品的矛盾。图书、报纸、电影等传统文化产品的出口整体为逆差，游戏、广告等新兴文化产品的出口整体为顺差。

在优化文化贸易结构方面，要做好三个方面的统筹。

第一，统筹好“国际—国内”两个市场。通过国内市场的扩大开放，强化中华元素的植入，反向促进海外出口。

第二，统筹好“西方主流市场—海外华人市场”两个市场。通过海外华人市场的拓展促进对西方主流文化市场全面进入。

第三，统筹好“海外整体市场—周边市场”两个市场。周边市场，特别是儒家文化圈内的国家和地区，更加容易对基于中华文化的数字化文化商品产生认同。对周边市场的拓展还将进一步延伸至“一带一路”沿线国家市场，从而有力促进整体国际市场的拓展。

第三节　我国数字创意产业海外拓展的基本路径与关键环节

基于上述分析，可以将我国数字创意产业海外市场拓展面临的主要问题做一个归纳。从本质上讲，这一过程主要面临三大基本问题和一个延伸问题。三大基本问题是源头的文化距离问题、进入的渠道与平台问题、传播推广的社会网络问题；一个延伸问题是生活层面的生活方式融入问题。在第五章中，分析了数字创意产业的价值链模型。在这一模型中，“内容—平台—消费者”构成了数字创意产业价值链的核心要素。

把上述两方面结合起来考虑，解决我国数字创意产业海外拓展问题的关键点和基本路径是：第一，通过内容创意解决源头的文化距离问题；第二，通过平台整合解决进入的渠道和平台问题；第三，通过消费者互动解决传播推广的社会网络问题；第四，通过多业态融合发展解决生活层面的生活方式融入问题。如图 9–1 所示。

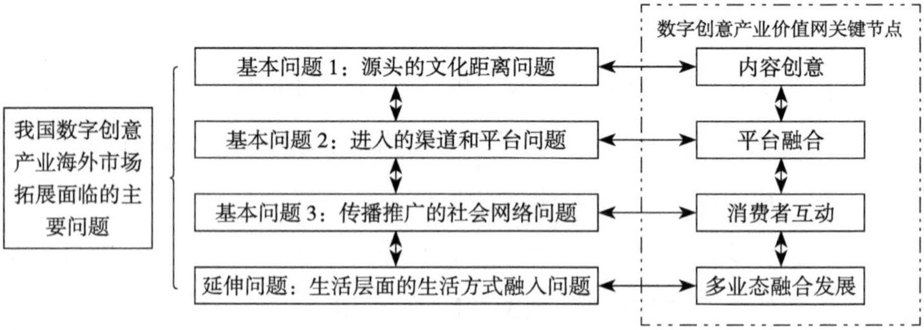

图 9–1　我国数字创意产业海外市场拓展面临的基本问题

可见，数字创意产业海外市场拓展的三大基本问题和延伸问题之间是相互影响、有机联系的。数字创意产业价值链结构的关键环节包括“内容—平台—终端—消费者”，由于消费电子终端产品对海外市场的价值转移过程影响不大，因此我国数字创意产业海外市场拓展主要沿着“内容创意—平台整合—消费者互动—多业态融合发展”这一路径展开，分别解决文化距离、进入渠道平台、传播推广三大基本问题和生活方式融合这一延伸问题，最终实现我国数字创意产业在海外市场的有效拓展。这一基本路径如图 9–2 所示。

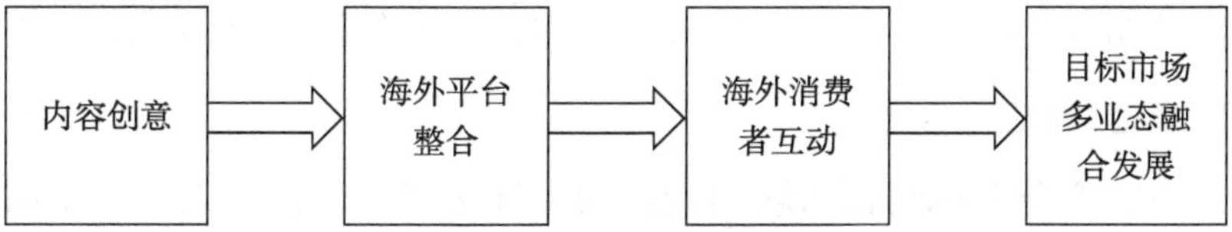

图 9-2　我国数字创意产业海外市场拓展的基本路径

依据这一基本路径，我国数字创意产业在海外拓展过程中，需要着重提升以下四个环节的基本能力。

一、内容创意

习近平总书记指出："文艺创作是观念和手段相结合、内容和形式相融合的深度创新，是各种艺术要素和技术要素的集成，是胸怀和创意的对接。要把创新精神贯穿文艺创作生产全过程，增强文艺原创能力。"① 内容创意是文艺创作的核心环节，也是我国数字创意产业发展的基础与核心环节。

第一，内容创意应充分体现我国社会主义核心价值观和中华优秀传统文化的精神内核，并在内容创意的过程中着力塑造中华文化的独特话语体系。在具体方式上，采用具象的话语方式来表达中华文化的内核。话语具象包括符号具象、文艺具象、实践具象三种主要类型，具象性的话语表达方式要比抽象性的话语表达方式更加具有感染力和亲和力，更加易于为目标市场消费者所接受②。

第二，增强内容创意的原创性，提升整体创新的质量和水平，应充分考虑目标市场国家、地区消费者的思维习惯、审美取向、表达方式的特殊性，应具有鲜明的区域、国别意识和针对性。在内容创意、生产制作、营销传播等阶段引入目标市场的创作、制作、市场人员，是突破文化壁垒、

① 习近平 . 在文艺工作座谈会上的讲话［EB/OL］. http://www.xinhuanet.com/politics/2015-10/14/c_1116825558.htm.

② 龙柏林 . 中华文化走出去的话语具象方式［N］. 光明日报，2018-07-16.

减少文化折扣的有效途径。近年来开展的许多中外影视合拍计划，便是这方面的有益尝试。

第三，充分考虑目标市场消费者的个性化需求，使用人工智能和大数据技术，捕捉目标市场消费者的细微偏好变化，发现新的利基市场。例如，基于我国特有的武术文化元素进行内容创意，就具备良好的海外利基市场基础。可以“健康”“养身”为切入点，进一步结合目标市场的细分需求，开发相关数字创意产品。

第四，提升我国数字创意产业的关键性技术装备的开发和应用水平，充分使用数字技术、互联网技术、多媒体技术，拓展内容创意的深度、广度，提升内容创意的展现维度。

总之，通过内容创意的质量提升，创造全新的话语体系，有效减少文化壁垒，提升体现中华文化元素、内涵、价值体系的文化内容在全球范围内的影响力。

二、海外平台整合

构建和整合我国数字创意产业的线上、线下国际性运营平台，为我国数字创意产业在目标国家和地区提供有效的进入渠道和运营平台，海外平台整合主要包括三个层面：

第一，海外实体平台。促进我国数字创意产业的海外投资，收购、并购，资本运作。通过收购、合资、参股等资本运营手段搭建平台，快速建立进入海外目标市场的桥头堡和滩头阵地，有效利用本地平台在目标市场原有的营销网络和渠道体系，以及技术、人才等各类资源，从而有效提升我国数字创意产业海外市场拓展的适应性和总体效率。

第二，交易支撑性平台。如版权贸易国际化平台、品牌授权交易国际化平台及相关支撑性中介服务体系，充分利用各类相关展会，如国际大型博览会、电影节、艺术节、书展、数字娱乐展会等。

第三，基于互联网的支撑性平台。主要包括基于人工智能和大数据的市场分析平台、应用软件分发交易平台、数字化媒体传播平台等。线上平台对数字创意产业的海外拓展具有特殊的重要意义，是数字化文化产品进入海外目标市场的主要入口和通道，也是与目标市场消费者进行交互的重要场所。

三、海外消费者互动

数字化的文化产品区别于传统文化产品的重要特征是具备良好的互动性、参与性、定制性。我国数字创意产业在海外市场的拓展过程，既是创意开发过程，也是市场营销过程，还是信息传播过程，更是与海外消费者的互动过程。

在这一高度交互性的过程中，必须对目标市场消费者实施有效的跨文化传播管理。有关说服传播的 ELM 理论认为，信息接收者并不会对所有信息都进行深度加工，只有同时满足能力（A）、动机（M）、机会（O）三个条件，信息才有被接收者进行深度加工的可能。在我国数字创意产业进行海外拓展的过程中，综合采用融媒体、全媒体手段加强与海外目标市场消费者的互动，提高目标市场消费者在 A、M、O 这三个方面的总体水平，是与其进行有效互动的关键。因此，在海外传播过程中，要以消费者为本位，采用本土化、娱乐化和日常化的传播讯息策略，提高目标消费者的 AMO 水平（蒋晓丽，张放，2009）。

在与海外消费者有效互动、提升其对中华文化内核的数字创意产品的信息加工水平的基础上，还需要从“认知—态度—行为”的层面构建中华文化国际传播的创新体系，创新数字化和互联网条件下国际传播的新载体、新方法、新手段，提升中华文化传播在目标市场消费者中的针对性、接受度、参与度和回应度。

四、目标市场多业态融合发展

数字创意产业的一个重要特性就是基于IP的价值链向多种业态不断延伸。在完成“内容创意—平台整合—消费者互动”三大环节后，我国数字创意产业将通过基于IP的多种业态融合来全面融入目标市场消费者的日常生活，在生活方式和价值体系的层面提升其对中华文化的认同度。在推进目标市场的多业态融合发展的过程中，可以从以下两个阶段重点推进。

第一，重点推进数字创意产业内部各垂直细分市场在海外目标市场的融合发展。当前我国数字创意产业中的游戏、动漫已经在国际市场上占有了一定的份额，可以进一步提高创意水平和制作水平，以IP为载体，带动相关垂直细分市场的拓展。

第二，重点推进数字创意产业与外部相关产业在海外目标市场的融合发展。尤其是推进与目标市场消费者日常生活紧密相关的汽车制造、服装、日化、餐饮、消费电子等产业的融合发展，形成跨界融合、多点开花的融合发展态势。

推进我国数字创意产业在海外目标市场的多业态融合发展，其实质是拓展我国数字创意产业的全球价值链分布，提升我国数字创意产业在全球价值链中的地位。这是从根本上提高中华文化全球影响力的有效途径。

需要指出的是，在以上四个关键环节中，都需要大量的复合型人才支撑。如熟悉目标市场国家、地区语言习惯的翻译人才，跨国、跨文化经营管理人才，熟练掌握数字技术、多媒体技术、互联网技术的专业技术人才等。

第十章　构建数字创意产业发展的保障体系

2006 年起，数字创意产业的发展已经被列入国家发展战略。《国民经济和社会发展第十一个五年规划纲要》提出要重视数字内容产业的发展；《国民经济和社会发展第十二个五年规划纲要》则明确提出要大力推动包括网络游戏、手机游戏和动漫产业在内的数字内容产业振兴。2016 年 12 月，数字创意产业被纳入《“十三五”国家战略性新兴产业发展规划》，并对数字创意产业的发展做出了顶层设计和战略规划，提出“到 2020 年，中国将形成文化引领、技术先进、链条完整的数字创意产业发展格局，相关行业产值规模达到 8 万亿元”。数字创意产业成为与信息技术、高端制造、绿色低碳、生物并列的五大战略性新兴产业之一，受到国家的高度关注，得到更强力度的政策支持。

在地方层面，许多省、市都把发展数字创意产业作为转变经济结构，实现经济、文化协调发展的重要举措。北京、天津、济南、青岛、沈阳、大连、上海、南京、杭州、苏州、常州、广州、深圳、成都、重庆、武汉、西安等城市纷纷出台促进数字创意相关产业发展的政策和配套保障措施，许多地方还设立多媒体产业园、数字娱乐软件园等平台实体机构，促进数字创意产业的发展。

在政策和技术的有力推动下，数字创意产业赢来了前所未有的发展机遇，但是依然存在诸多问题，要进一步推动这一新兴产业的发展，需要理顺关系，从国家战略、制度、政策、法律等层面进行完善，构建数字创意产业发展的有力保障体系。

第一节 政策和法律保障体系

我国数字创意产业仍然处于培育发展的阶段，对国家政策和法律保障体系的依赖度高，政府积极、能动、及时的政策支持对数字创意产业的发展具有重要的指引、推动和保障作用。王长松等对我国文化产业政策的演进过程进行研究发现，自 2002 年党的十六大将文化产业写入国家战略规划以来，包括数字创意在内的文化产业政策成倍增长，截至 2016 年，各省的文化产业政策已经超过千条。这一时期的文化政策普遍以发展、扶持、鼓励、服务、规范、保护、管理等为主，对文化产业的发展起到了关键性的推动作用（王长松，何雨，杨矞，2018）。

一、进一步优化数字创意产业园区政策体系

近年来，虽然在国家政策的支持下我国数字创意产业获得了快速发展，但与世界先进国家相比，还存在整体规模不大、实力偏弱、企业数量偏少、龙头企业国际市场竞争力不足、技术创新能力较弱等问题。为了整合力量，加强竞争、协作和联动，推动技术创新，建设数字创意产业园区，实现数字创意的空间集聚和集中发展，是被国际创意产业发展证明了的有效政策措施。

1. 数字创意产业园区发展的基本情况

数字创意产业园区是在政府政策推动下建立的相关企业集群，包括文化创意企业、艺术设计企业、影视企业、数字网络技术企业、信息咨询企业、策划推广企业等，构成企业之间多维立体的产业链闭环，形成园区内部和外部力量的整合与联动，提升产业的创新能力和经济效益。以创意园

区为依托形成产业聚集发展，成为我国数字创意产业发展的一个重要标签。截至 2019 年，我国省市级以上的数字创意产业园共有 75 家，主要集中在北京、上海、广州、江苏、浙江等经济发达地区。其中，江苏共 13 家，约占了两成[①]。2018 年，综合实力排在前几位的是中关村软件园、中广国家广告创意产业园、上海张江文化创意产业园、中关村东升科技园、常州创意产业基地、上海天地软件园等。这 75 家数字创意产业园，有些已经发展得比较成熟，综合实力较强，有些还处于发展的初期，还存在诸多发展中的问题。

2. 数字创意产业园区建设中存在的问题

当前，数字创意产业园区建设中存在的一些制约性问题包括：

（1）某些数字创意产业园建设定位不明确。一些地方政府没有充分考虑本地的实际情况，在缺乏成熟规划和各方协调的情况下，建立了一些“伪文化创意园”（孔德，2014）。

（2）一些企业看准国家优惠政策，意图搭政策的“便车”，打着文化创意的旗号，利用国家的优惠、补贴等政策，行房地产、加工制造等项目之实，导致产业园区内“鱼龙混杂”，真正从事数字创意内容开发的企业反而被边缘化。

（3）部分数字创意企业自身创新动力和能力不足，对国内外创意产品的剽窃和仿造问题严重，许多企业处于仿制和低水平开发的阶段，市场竞争力不足。

3. 数字创意产业园区建设的对策思路

数字创意产业园区建设是目前促进产业集聚、产业要素联动、企业之间协同创新，实现产业集群效应的有效模式。当前，国家对文化产业的支持政策主要是通过划分功能区域，依托创意园区提升区域经济增长点和区

① 全国数字创意业园区分布一览［EB/OL］. https://baijiahao.baidu.com/s?id=1631753378587025823&wfr=spider&for=pc.

域经济综合竞争力。为了促进更多、更成熟的数字创意产业园区建设，应该做好以下几个方面的工作。

（1）专业规划，明确定位。为了避免当前数字创意产业园建设中土地利用率偏低、集聚效应差、同质化竞争严重、创新引擎作用不明显等问题，在数字创意产业园区建立之前，要进行广泛调研和深度研究，根据当地的文化遗产特色、区位优势特点、数字技术水平等对产业园区建设的目标、特色和模式进行明确的定位，进行系统性、专业性的规划，以确保产业园区运营中的核心竞争力。

（2）规范管理，做好服务。政府集中规划和建立文化创意产业园区，利用优惠政策吸引企业和资源向产业园区聚集，有利于改变数字创意企业各自为政的、力量分散的状态，建立多主体综合协同发展模式。政府和数字创意企业是数字创意产业最重要的两个行为主体，政府的目标是公共利益最大化，数字创意企业的目标是利用政策和制度，在市场中实现经济利益最大化。二者在不同的目标函数支配下，实施经济人理性的互动和策略行为。政府在数字创意产业园内实行政策优惠和税收减免，这对企业具有很大的吸引力，一些不相关企业通过包装手段取得进入产业园的资格。因此政府在产业园企业入驻资质审查方面要严格把关，避免产业园演变成伪数字创意产业园。

另外，政府要利用政策工具，规范市场秩序，避免由于信息不对称、垄断、外部性等因素，数字创意企业之间出现不正当竞争和其他无序行为，积极引导公平的市场竞争，促进创新和创意。政府还需要在与企业和市场动态博弈的过程中，不断完善法律、制度和公共服务平台，促进文化创意企业之间的深度连接、规范竞争和协同创新，从而构建健康和充满活力的数字创意产业价值链。

（3）推进产学研结合。数字创意产业发展的引擎是数字信息技术的发展，而大学是一个国家技术创新的重要来源地，是高科技人才和各类复合型人才的摇篮，也是青春活力和文化创意的聚集地，因此依托大学城的产业聚集区，能更有效地促进政府与企业之间、高校与企业之间和企业与企业之间的协同。国内已经建设了一些较大规模的依托大学的数字创意园，也有许多大学通过内部建设的数字创意园，孵化出了一些数字创意企业和人才，但是这些产业园在运作模式上总体还处于探索阶段，产业价值链还不成熟。

澳大利亚为世界各国提供了一个创意产业的产学研结合的模式。在澳大利亚，政府打破单一的政策模式，将文化产业政策与总体产业政策、经济政策、创新政策等融为一体，构建多功能的、多元主体协同互动的产业发展模式。文化产业政策涉及文化部、外贸部、教育部、劳动部、体育部、环境部等各个部门，特别是文化部门与经济发展部门之间，通过《创意国家》《澳大利亚数字内容行动纲领》《澳大利亚数字经济的未来》等一系列战略规划和行动计划，打破了文化政策和经济政策各自为政、各司其职的状态，在政策层面实现了高度协同。

澳大利亚创意产业以“昆士兰模式”最为典型。“昆士兰模式”是协同国家、州和城市三个层面的政策支持，由昆士兰州和昆士兰科技大学共同规划的，促进企业、教育、科研、咨询等交叉联动的文化创意产业园区运营模式，其中数字创意产业是这一模式中的重要部分。在政府的支持下、昆士兰科技大学组建了澳大利亚创意企业服务公司（Creative Enterprise Australia，CEA），该公司注重小微企业孵化平台的建设，为小微创意企业提供融资渠道、技术支持和专业的管理咨询等服务。昆士兰科技大学还设立创意产业学院，其教育模式打破传统学科界限，建设交叉学科，既重视学生专业技能的培养，也重视学生商业经营能力的培养，为数字文化创意产业培养有文化、有创意、有经营能力的复合型人才（王曦，2013）。CEA同时沟通政府、企业和高校三方，促进科研和技术的产业转化，同时搭建学生实习、工作和创业的平台，促进产学研的深度融合与协同。

二、进一步完善知识产权保护制度

知识产权法律保护体系能赋予数字创意产品的创作者以独占权或垄断权，保护权利人的智力成果及其使用的相关权利免受他人侵犯。在法律保护体系下，只有通过“强制许可”“征用”等法律程序，才能变更权利人的专有权。对数字创意产业而言，最相关的知识产权权利是著作权。著作权的范围包括发表权、署名权、修改权、保护作品完整权、复制权、发行权、出租权、展览权、表演权、放映权、广播权、信息网络传播权、摄制权、改编权、翻译权、汇编权和其他应当由著作权人享有的权利。法律通过对这些权利的限定，能够有效保护数字创意产业的相关产品市场价值的实现，确保整体产业的良性发展。

数字创意产品是人的知识、智慧、灵感以特定形式的物化展现，具有革新性和独创性的特点，消费者对其消费具有精神性和主观体验性。数字创意产品的价值链包括：“内容—平台—终端—衍生品—消费者”等环节，在各环节中实现价值的增值。可见，数字创意产业的产业链和价值增值过程表现出极大的精神性特征。这些产品的主要形式是数字化的软件程序、多媒体信息和数字内容，具有无形性、易复制性和易传播性的特点。知识性、内容性和创意性的产品，最突出的特点就是一次开发成本非常高，而复制成本却非常低，甚至为零。因此，知识产权制度是数字创意产业的基础保障，对数字产品进行知识产权保护，是保护开发人员的积极性、保护全社会创新创造活力的关键。

1. 数字创意产业知识产权保护面临的挑战

我国对文化创意产业知识产权保护的立法给予了高度重视，先后颁布了《出版管理条例》《印刷业管理条例》《电影管理条例》《广播电视管理条例》《音像制品管理条例》《计算机软件保护条例》等法规。但是随着数字创意产业的不断发展，法律实践还滞后于产业实践。具体表现在以下几个方面：

（1）数字创意知识产权的法律法规不健全。互联网是数字创意产品传播的最重要形式，并且使数字创意产品的传播具备了虚拟、便携、迅速、多样、传播范围广、双向互动等特征，公众可以通过电脑、手机、iPad、电视、电影院、数字广告屏等智能终端非常容易地获取数字创意产品。但是我国的互联网产业尚处于起步发展阶段，对互联网内容的版权保护体制和机制还不完善。目前，我国对互联网相关产业进行知识产权保护的法律法规主要是针对计算机软件和网络信息两个方面，对相关著作权、域名、商标等保护力度不够，盗版侵权的问题时有发生。

（2）数字创意产品知识产权侵权认责困难。在开放的移动互联网环境下，数字产品可以被迅速、大范围地传播，任何人在任何时间都可以对数字产品进行复制和传播，中间环节和路径庞大而分散，使得知识产权侵权主体的主观过错判定困难，从而在认定、追责和维权等方面存在法律困境。

（3）数字创意的知识产权保护执法力度有待加强。严格及时的执法对维护法律权威，建设公平、公正、公开、有序的市场环境，鼓励自主研发和创新至关重要。但是当前我国知识产权保护存在多头管理、对执法的考核不科学、可操作性的法律条文缺乏、侵权打击力度不够、企业维权成本高等问题，使得对数字创意产品的知识产权保护执法力度不足，数字创意市场规制困难。

（4）数字创意产品知识产权跨境保护困难。知识产权法律一般都具有地域性限制，但是针对在网络上创作的数字创意产品，很难和特定的地域相联系。世界各国对知识产权的保护标准不同，虽然我国已经加入了大部分知识产权保护的国际公约，但是由于互联网传播的广泛性、主体模糊性和交叉跨界性，使得跨界传播的数字创意知识产权执法和维权依然是一个难题。

2. 数字创意产业知识产权保护的对策措施

（1）完善数字创意产业知识产权立法，完善相关法律法规。完善知识产权法律体系，加强知识产权保护空白点的立法。根据市场变化，细化知识产权立法，理顺知识产权法律的执行体系和监控体系，建立知识产权保护公共服务平台，完善知识产权交易的相关程序和办法，是当前知识产权法律体系建设的重点任务。

虽然我国已经出台了与知识产权保护方面有关的法律法规，但是还存在法律较为滞后、系统性差、实施细则和规定不完善等问题。因此，可以借鉴数字创意产业发展较成熟国家的经验，如美国的《版权法》《版权期限法》《电子盗版禁止法案》等，具有较为完善的法律体系，以及美国地方法院的知识产权判例，从而增强我国知识产权立法的前瞻性和系统性。

（2）建立数字创意产业知识产权信息体系。知识产权本质上是一种信息资源，应建立知识产权的信息搜集、储存、应用的信息管理体系，形成储量大、更新快、方便易普及的数字创意产业知识产权信息系统。此外，还应建立知识产权信息的分类体系和元数据标准，为数字创意产业相关的信息和技术资源提供发布、管理、共享、交换、整合的规范与标准，使技术信息在传递和共享中降低交易成本，实现社会利益的最大化。

（3）完善数字创意产业知识产权执法体制。法律权威需要强有力的监管和执法来保障，违法必究是震慑一切侵权行为的红线。针对当前不同的知识产权行政管理部门共同执法、责任不清、效率低下的问题，应该理顺知识产权的执法体系，完善专利、商标、版权等通用信息系统，推进监管执法一体化，搭建知识产权交易的公共平台，在此基础上更加明确地划分管理部门的职能，提高管理效率。此外，还需要搭建平台，促进国内管理和执法部门与国际知识产权机构之间的沟通与交流，加强我国数字创意产业知识产权的国际保护力度。

（4）培养公众尊重知识产权的守法意识。随着生活水平的提高和生活方式的数字化转变，人们对数字创意产品的需求量不断增加，但这种增加又具有非常大的不确定性。知识产权既是私权，也是公权，因为创意只有获得了社会的认可，创意产品才能在市场上实现价值和使用价值的交换，最终实现创意者的收益。同时，知识产权的增长和有序交易，也促进了社会的信息传播、科技进步、精神文化福祉等公共福利的增长。因此，知识产权只有获得公众的认可，才有价值，公众接受度越高，其价值越大。

公众是数字创意产业知识产权的最大传播者和最终使用者，公众的法律意识对维护知识产权的权益、杜绝侵权至关重要。要大力开展普法宣传，进行多种形式的法制教育，增强公众的法制意识和社会责任感，形成全社会尊重诚信、敬畏法律、保护知识产权的良好社会氛围。

第二节　行业协会体系

行业协会是市场经济发展的产物，也是市场经济成熟的标志之一，是介于政府和企业之间，为特定行业的企业提供沟通、咨询、服务、监督、协调等功能的非政府组织（NGO），具有民间性、自治性、中介性、非营利性等基本特征。行业协会存在的主要职责是设立行业规则，规范行业秩序，协调行业主体的利益关系，建立行业资格标准和认证，保护行业主体的合法权益等。我国市场经济体系中行业协会的总量较大，截至 2012 年，各类行业协会达到 49.2 万余家。2006 年，作为第一家文化创意协会的中国文化产业协会成立之后，数字创意产业的协会组织也纷纷建立。例如，网络游戏产业的全国性行业协会组织——中国软件行业协会游戏软件分会；在数字创意产业的主要集中区域，也成立了一些行业组织，如上海信息服务业行业协会、深圳市高新技术产业协会、广州动漫行业协会、福建动漫游戏协会等。我国数字创意产业行业协会的大量成立，不断推动着数字创意产业朝着市场化、良性化和成熟化的方向发展。

一、数字创意产业行业协会的主要功能

1. 数据分析和信息统计

行业协会应深入研究数字创意产业的特点和市场需求，定期进行市场调查，收集、统计和分析市场数据，如营销数据、票房数据、观众构成、消费者满意度、消费影响因素、产业发展趋势等，研究国内外的产业环境、行业发展所面临的问题、行业发展趋势，为政府管理和行业企业的经营管理决策提供依据和参考，提出对策和建议。

2. 搭建企业与政府沟通的桥梁

行业协会是企业与政府之间沟通的重要桥梁，为政府提供及时的行业行情分析报告和知识产权信息报告，推动数字创意产业的相关法律法规制定。行业协会为企业、政府、高校和科研院所搭建信息交流平台，推动跨界项目的设立，促进产学研结合，加速行业创意和知识产权的开发。行业协会是政府产业政策落地的执行主体，在这一过程中争取政府对行业的优惠政策。

3. 制定行业标准，提供行业服务

规范行业规则，形成行业公约，制定行业章程、行业服务规范、行业质量标准、行业职业道德，参与行业资质认证，举办行业比赛、行业展览、行业评比、职业培训等，协助政府职能部门对行业进行技术监督、质量检查、市场监管，为企业提供政策、法律法规、行情、知识产权等的咨询服务等，促进行业和企业的发展。例如，针对网络游戏对青少年身心发展带来的不利影响，相关行业协会积极推动游戏运营方在保护未成年人方面设置游戏防沉迷系统、人脸识别机制、强制实名校验、未成年人游戏消费提醒等技术手段，推动整个行业的规范化运行和良性发展。

4. 协调行业主体之间的利益关系

协调会员企业之间的商业纠纷，建立行业秩序，为行业创造良好的外部环境。如美国的软件与信息业协会、日本的数字内容产业协会、韩国的数字内容产业发展委员会和数字内容规划与服务局、澳大利亚的交互媒体产业协会和游戏开发商协会、英国的数字内容产业联盟等。这些协会和服务机构积极倡导数字创意产业的行业自律，定期组织沟通协调会议，协调涉及全行业发展中的重大事项。

5. 保护行业知识产权

积极与企业和政府沟通数字创意相关产业的知识产权保护情况，把握国内外行业知识产权最新动态，及时向政府提供维权建议；签署行业知识产权自律公约，设立警告和惩罚机制，通报违反知识产权法的企业；聘请专业化、高水准的法律专家队伍，提供保护企业知识产权和维权服务，如建立行业知识产权咨询委员会，协助企业解决知识产权纠纷案件，规范和约束侵权行为；建立知识产权开发、运用、保护的保障机制，促进企业之间的知识产权合作研发。

二、数字创意产业行业协会存在的问题

虽然我国数字创意产业行业协会的发展取得了一定的成效，但是由于受到体制束缚、观念滞后等因素的影响，数字创意产业的行业协会依然存在诸多发展中的问题：

第一，依赖性较强。目前，数字创意产业的行业协会主要分为国家、省和市三级，大部分协会依附于政府机构而存在，职能定位不清晰，市场规范和协调能力不足。

第二，服务能力较差。数字创意产业的行业协会定位不明确，活动空间和范围界定不清晰，运行方式单一，针对本行业的专业服务能力有待提升。

第三，专业人才不足。一些数字创意相关产业的行业协会法律专业人才不足，无法为行业提供专业的维权服务，没有行业知识产权保护的预警机制。

三、推进数字创意产业行业协会发展的建议

1. 鼓励数字创意产业行业协会发展

深化文化产业改革，要坚持推进政企分离，厘清政府和企业之间的权利和职责，发挥企业在资源配置中的基础性作用。中共十八届三中全会通过的《中共中央关于全面深化改革若干重大问题的决定》（以下简称《决定》）提出了建设社会主义文化强国的战略规划，提出要破除体制难题，深化文化体制改革的重要任务。《决定》提出了“建立健全现代文化市场体系”的总方针，强调文化产业发展的基础动力由“政策推动”向“市场内生动力”转变。文化产业改革的总体目标“一是发挥市场在资源配置中的决定性作用，二是建设统一开放、竞争有序的市场体系”。数字创意产业的发展导向是发挥企业自主经营的动力和创造力。企业获得经营自主权的同时，实施优惠政策，鼓励建立行业协会，鼓励一业多会、一地多会，引入竞争机制，从而更好地保障企业的市场权益。

2. 完善数字创意产业行业协会自身体制

首先，完善数字创意产业行业协会的组织结构和运行机制。协会应该设立代表大会、理事会、监事会等权力制衡组织，实行民主集中制的决策模式。三个权力机构的成员都应该来自行业内各个企业的代表，通过选举产生，规定任期，防止行业协会变成“官僚化”组织（张艳，荆林波，彭品志，2014）。其次，完善行业协会的资金和人才制度。完善数字创意产业行业协会的资金来源、资金运作和管理制度，用相对丰厚的报酬，吸引高质量的法律人才、谈判人才、培训人才和行业内专业人才，为行业协会的职能发挥提供有力的人才支撑。

3. 提升数字创意产业行业协会服务能力

数字创意产业拥有多种子产业类型，各个子产业都具有非常高的专业性和专门化的职业技能体系。需要指出的是，每一个子产业都具有共通性问题，如基础性技术设施、重大项目开发、海外市场拓展、政策沟通协调、融资平台搭建等。数字创意产业行业协会组织应将自身定位于服务行业发展的专业化组织，针对行业内的共通性、基础性、专业性需求，重点增强自身的专业服务能力，在解决制约本行业发展的关键性问题的过程中发挥重要作用，成为沟通政府与企业、社会与企业的重要桥梁，促进国家、省、市政府制定的相关政策在本行业有效落地。

第三节　财政金融支持体系

财政金融支持对于数字创意产业的发展起着不可替代的重要作用。在财政支持方面，我国目前主要包括专项资金和国有资本经营预算资金两类。文化产业专项资金是指，自 2009 年《文化产业振兴规划》发布以来，国家设立文化产业发展专项资金，重点推进影视制作、出版发行、文化创意、数字内容和动漫等产业门类的发展，设立项目补助、贷款贴息、绩效奖励、补充资本金等门类，推动产业结构调整，优化产业资源配置。国有资本经营预算资金，是指财政部代表国家向国有文化企业履行出资人的角色，采用费用性支出和资本性支出两种主要形式，推动文化、内容、数字和科技创新（闫坤，于树一，2015）。

在金融政策支持方面，2010 年，中宣部、中国人民银行等 9 部委联合发布了《关于金融支持文化产业振兴和发展繁荣的指导意见》（银发〔2010〕94 号），提出了针对文化市场的信贷、融资、保险、检测、评估等方面的政策和指导意见。2014 年，文化部、财政部、中国人民银行联合出台了《关于深入推进文化金融合作的意见》(文产发〔2014〕14号)，提出了深入推进文化金融合作的要求，鼓励条件成熟的文化企业通过信贷、股票、债券等金融产品，引导鼓励社会资本进入文化产业。

一、财政金融支持体系创新的必要性

1. 数字创意产业尚处于孵化阶段

经过大量数据分析，我国的文化创意产业还处于由形成期向成长期的过渡阶段。在这一产业生命周期阶段，需要国家采取积极的财政政策，对技术创新企业实施税收、金融、担保等优惠政策，增强企业的抗风险能力。在这一产业周期阶段，企业的抗风险能力差，产品技术不成熟，产品推广需要较高的广告费用，市场需求主要来自支持国产技术和对产品部分缺陷忍耐的顾客，这对于高投入高风险的数字创意企业来说，急切需要政府的金融支持政策。

2. 数字创意产业的投资的高风险性

由于数字创意产业本身是一个新兴产业，具有高投入、高风险的特征，前期投资回报率低，需要后续资金不断投入，需要金融机构的大力支持。

二、财政金融支持体系存在的问题

1. 对数字创意产业的支持力度不够

我国数字创意产业正处于快速发展阶段，所需资金投入量大，但是当前我国对数字创意产业投入的财政经费基数低、底子薄，财政投入的增长量远远低于数字创意产业的发展速度。现行金融政策对文化产业的限制较多，文化投融资量无法满足企业的需求，资本市场的作用没有得到充分发挥。当前我国的金融创业板市场，中小企业的投融资活动非常活跃，但是数字创意企业比例较小。在银行贷款资金中，由于数字创意企业的资产无形化和创立时间较短，无法提供大数额资金所要求的实物担保和资信等级，一些数字创意企业无法获得银行的贷款。在银行的风险投资中，由于数字创意项目的高投入和高风险性，银行通常会对其采取保守的评估态度。因而，许多数字创意公司都处于小规模经营状态，难以实现规模经济。

2. 金融支持结构不均衡

当前的金融政策对数字创意产业的支持存在越位和缺位的问题。一是金融机构对创意人才培养、知识产权保护、公共信息平台建设、文化国际交流、小微数字创意企业培育等支持不均衡。二是金融支持结构不均衡，如东、中、西部投入的区域结构不平衡，重投入、轻考核等（闫坤，于树一，2015）。在产业内部，金融资金支持的结构也不均衡，主要倾向于已经有相当市场份额和竞争力的大企业，而在规模上忽视中小企业（贾旭东，2010）。

3. 对数字创意产业支持的体制机制不健全

目前我国对数字创意产业的公共技术平台、公共信息平台、人才培养体制、知识产权保障机制等基础建设的资金支持不足，数字创意产业发展的体制机制不完善，不利于产业固定资产和流动资产的形成，也不利于产业发展后备战略资源的培育和形成。缺乏支撑数字创意企业融资和上市的服务平台和咨询机构，而数字创意企业主要是以互联网和数字技术为导向的创业团队，缺乏既懂金融又懂数字创意运营的专业复合型人才，使企业在争取投融资、运营上市等方面处于劣势地位，很难通过资本市场解决企业发展最为核心的资金问题。

三、完善财政金融支持体系的建议

1. 发挥财政税收的杠杆作用

发挥市场在资源配置中的决定性作用。在尊重市场规律的前提下，发挥财政税收政策的杠杆作用，鼓励数字创意产业的资金投入，调节资本投入的结构，并将成功的政策形成体制和法律。例如，英国对电影、动漫等数字创意产品实行零增值税；美国对数字创意类技术研发实行“永久性研发税优惠”；日本建立“文化产品海外流通促进机构”“文化无偿援助项目”等，设立专门资金支持海外文化贸易和知识产权保护，并用专项资金购买动漫版权，无偿提供给发展中国家，以扩大日本动漫的世界市场占有率；法国在流通环节对数字创意产品实施财政补贴，但同时限制外来产品；韩国制定了《电影振兴法》《影像振兴基本法》《唱片录像带及游戏制品法》等一系列法律，为财政支持数字创意产业提供了充分的法律依据（闫坤，于树一，2015）。

2. 完善数字创意产业投融资体系

不断完善投融资体系，做好投融资服务，引导投融资向数字创意产业流动，推动数字创意企业做大做强。一是由政府或者行业协会推动，建立数字创意产业投融资担保联盟，为数字创意企业增加信用担保，降低产业的投资风险，使企业能更顺利地得到贷款或者投资（张伟，周鲁柱，2006）。二是加强指导咨询服务，加强数字创意企业的资本运营能力。推动企业不断以上市和融资为目标改革自身，优化企业资本结构，改善企业经营机制，规范企业组织架构，推动企业通过获取投融资实现加速发展。三是提升数字创意企业无形资本的融资能力。数字创意产业是一个知识密集型产业，其品牌、人才、技术等无形资产在企业资本占比中较高，完善无形资产评估体系，提升其总资产价值，增强企业的融资能力。四是规范和完善数字创意产业投融资的市场秩序和法律法规。用法律规范数字创意企业的股票发行、债券发行、并购重组、私募基金等资本市场行为，建立规范、高效的长效融资机制。

第四节　人才培养体系

人才是数字创意产业发展的核心要素，面对数字创意产业巨大的市场需求，人才匮乏成为产业发展的巨大掣肘。高等院校作为人才培养的重要基地，如何培养出数字创意产业所需要的复合型人才，是当前高校教育教学体制改革的重要内容之一。

数字创意产业是文化创意产业与信息技术产业融合发展而形成的新型产业形态，是将文化内涵以数字化的形式表现出来的新产业。数字创意产业的运营过程主要涉及“文化资源—内容创意—市场运营”三个环节。因此，数字创意产业需要的是现代信息技术与文化内容创意相结合、与数字产业管理运营相结合、与网络化营销相结合的复合型人才。具体而言，数字创意产业所需的人才的能力结构主要由三方面构成：第一，深厚的文化底蕴是基础；第二，内容创意能力是关键；第三，市场调研与运营能力是抓手。如图 10–1 所示。

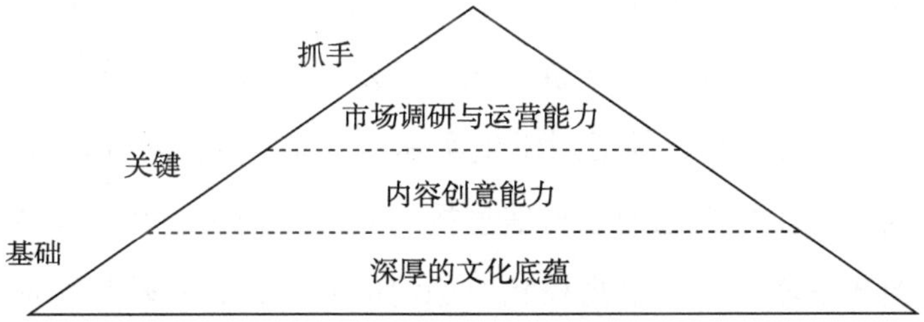

图 10–1　数字创意产业人才的能力构成模型

根据《本科专业类教学质量国家标准（2018 版）》，目前与数字创意产业发展最为直接相关的专业涉及管理学、艺术学、计算机科学与技术等学科大类，其中关联度较高的专业有文化产业管理、数字媒体艺术、网络与新媒体、产品设计与工业设计、广告设计与制作、电竞策划与管理等。

一、人才培养体系存在的问题

1. 人才培养与产业实践脱节

面对数字创意产业的人才紧缺现状，各高校先后设立了文化产业管理、网络与新媒体、数字媒体技术、数字媒体艺术、视觉传达设计等新专业，也积极调整了广播电视编导、广告学、动画等专业，促使其升级换代，以适应信息社会的需要。但是对于这些新设或者升级的专业，高校普遍存在软硬件设施落后、师资力量不足、培养计划不科学、实训效果差等问题，导致高校数字创意产业人才培养的总量不足、素质不达标，学校人才培养和产业实践脱节。人才供需矛盾造成了产业巨大的人才缺口。

以游戏产业为例，2018 年，我国游戏产业人才需求规模约为 44.1 万人。在互联网各产业中，游戏产业平均月薪最高，超过 11000 元。2018 年，我国游戏产业运营类职位占比 39.1%，开发类职位占比 20.4%，设计类职位占比 17.1%，策划类职位占比 11.4%。主要的职位包括策划、开发工程师、文案编辑、新媒体运营、客服、推广人员等。① 由于游戏产业发展迅速，技术更新快，高校相关专业的课程体系往往与产业最新需求脱节。同时，高校教师往往缺乏实际游戏项目开发和运营经验，导致课堂教学内容过于偏重理论性知识，缺乏对学生实际操作能力的针对性训练。

数字创意产业是文化创意与信息技术融合的产物，其产业技术日新月异，商业模式不断更迭，给高校相对稳定的专业设置和较长周期的培养方案带来了诸多的挑战。高校的教学方案和技能培养应与产业发展尽可能同步，才能保证人才供需结构平衡。目前的问题是，许多毕业生在学校学习了专业所要求的专业技术，但技术不精，与企业实际需求脱节，企业需要进行重新技术培训。

① 中国音数协游戏工委（GPC），CNG 中新游戏研究（伽马数据），国际数据公司（IDC）.2018 年中国游戏产业报告［EB/OL］. http://www.cgigc.com.cn/gamedata/20752.html.

2. 专业教师队伍不足

由于数字创意产业的相关专业包含了较多的新兴学科、交叉学科，使得跨文学、艺术、设计、信息、数字技术等领域的复合型师资极其匮乏，能和行业实践相结合的师资就更是可遇不可求。另外，科学的专业建设需要合理的教师队伍，即包括视野广阔、专业知识深厚的学科领头人，具备扎实专业基础的中青年学科带头人，以及创新活跃的优秀青年教师。但是由于数字创意产业的许多相关学科发展还不成熟，使得相关专业建设的师资人才基础尚不足（孟茜宏，2018）。

3. 人才创意能力培养不足

数字创意产业是一个知识和智力密集型的行业，是一个以创意为灵魂的产业，创造性思维和能力是产业人才培养的核心目标之一（李利军，2018）。我国数字创意产品消费领域众多，但是“优质作品供给不足、劣质作品产能过剩”[①]。优质的数字创意产品需要深厚的文化底蕴、高超的艺术表现和精湛的技术，最重要的是要有让人耳目一新的创新意境。但是目前我国一些高校缺乏高端的创意师资，对学生创意能力的培养不足，效果有待提高。

二、完善人才协同培养体系

数字创意产业的人才培养，涉及经济学、管理学、艺术学、文学、历史学、计算机科学与技术、电子科学与技术多个学科，这对高校在相关专业的培养方案、课程设置、师资力量、实践环节、教法学法等方面提出了新的要求。高校是产业人才培养的核心阵地，要为数字创意产业发展提供符合企业实际需求的合格人才，应创新高校数字创意人才的协同培养机制。

---

① 中娱智库 . 2016 中国数字创意产业发展报告［R］. 2016.

1. 创新企业与高校的协同培养机制，实现教学与产业的无缝衔接

针对当前数字创意产业人才培养的困境，高校可以采取加强校企合作的方式，整合学校和企业的资源和优势，挖掘和利用专家资源和优质行业资源，加快学科建设，升级培养方案，改革教学方式，拓展实训平台，培养对产业发展实用的人才。具体合作模式包括以下几个方面：

（1）搭建校企师资合作平台。在师资结构方面，一方面，鼓励数字创意产业的从业人员到高校从事科研教学工作；另一方面，鼓励高校相关专业教师走出去，将理论运用于产业实践，将自身知识储备运用于产业实践。为了实现这一双向人才流动，搭建高校和企业之间人员弹性流动的人才交流平台，建立校企互通的人才评价机制，构建校企之间人才交流信息平台，并用优惠和补贴政策鼓励高校和企业建立人才双向流动机制。法国政府为促进文化创意产业的发展，除了综合性大学的传统文化产业专业，还设置了专门针对文创产业的时尚设计、出版、摄影、视听设备开发、编程、动漫制作等46个专业，使这些专业技能能够得到跨行业、跨领域的权威认可，全社会通用，助推法国成为“文化艺术大国”（邓文君，2014）。

（2）建立校企“联合培养”机制。建立高校和企业“联合培养”的体制基础，促进高校和企业之间在人才培养方案上的深度合作。培养计划由高校和企业双方根据教育部要求和市场需求共同制定人才培养方案。从招生、培养、培训、实习到课程设置、检验考核、选拔上岗等各个环节，进行深度合作，以市场需求变化调整人才培养方案，缩短人才培养和产业需求之间的距离，实现招生与就业、培养与培训、理论与实践的一体化培养目标。例如，可以鼓励教师、学生和企业员工一起完成企业项目，采用“项目制教学”、实战性实训、虚拟式运营、过程性评价等方式，灵活采用“学分银行”的方式对学生进行多元化考核，提升学生的专业知识运用能力，激发学生学习的内在动力，实现更好的实训效果，将学生培养成为专

业能力、经营能力、管理能力、创新能力、实战能力全面发展的“一专多能”的高素质人才。

（3）搭建“产学研融合”平台。通过搭建“产学研融合”平台，例如，纽约媒体实验室、麻省理工学院的媒体实验室、荷兰的阿姆斯特丹媒体实验室等，发挥教育的“虹吸效应”，充分发挥高校、企业、政府各自的专长，实现资源的优势互补（李利军，2018）。高校可以利用企业的资金和技术，企业可以利用高校的研发资源，政府通过提升技术公共服务的水平，在减少中间环节和交易成本的情况下，促进数字创意产业关键技术的研发和成果转化，从而形成产、学、研三大领域的最大合力。

2. 创新高校之间的协同培养机制，实现资源共享与优势互补

加强跨学科、跨学校的协同合作，构建多主体、多元素、多内容的协同教学体系，培养文化技术复合型、创新型的数字创意产业人才（李凤亮、赵雪彤，2017），有利于推动形成“政产学研用”五位一体的数字创意产业人才培养体系。作为人才培养基地的高等院校，各高校之间的主要优势、专长和培养方向也各不相同。综合类院校的优势在于理论研究，专业技术院校的专长在于职业素质培养，创新高校之间的协同培养机制，可以实现高校之间的优势资源互补与共享，产生资源重组配置的最大合力。例如，2012 年开始为中国培养高端动漫人才而设置的，由北京师范大学、中国传媒大学和北京电影学院三所大学共同组成的“三校联合计划”，已经取得了非常好的市场效果。此计划成立了校级工作组、联合工作组和专家工作组，协调联合培养中出现的问题，实施校际教师资源的优势互补，制订联合培养计划，设置交叉学科的课程体系，实施校际学分转换制度，开展丰富多样的实践活动，采用导师制引领学生职业成长等，实现了三校的优势资源互补和强强联合（夏敏，甄巍，高薇华，等，2016）。

构建校际协同培养机制，一是可以在生源选拔环节实现多元化的人才选拔，如动漫设计专业一直被归属为艺术类专业，艺考中主要是考查考生

的美术功底，容易忽视文学素养、创新思维、商业潜质等方面的考查，来自不同学校和专业的考官共同进行考查，促进了生源选拔的多元化和个性化。二是在培养环节可以充分整合发挥学校的优势，如“三校联合计划”中，学生第一学年在北京师范大学接受人文素养和艺术基础课程的学习，第二学年在北京电影学院学习动画学科基础课和专业课知识，第三学年在中国传媒大学学习专业的动画制作技术和动漫产业知识，使最好的教育资源得到最好的组合和最优的配置。三是在实践环节开展丰富多彩的课内实践和课外实践活动，如参加讲座、比赛、企业考察和实习、实验室和研发项目等，为学生的实践动手能力提供了重要的平台。四是在学科发展上促进学科之间的交叉和融合，拓展教师视野，促进课程改革、教学改革和学术创新。

3. 创新高校内部相关学科的协同培养机制，实现相关学科的知识整合和师资力量的综合提升

数字创意产业的人才能力结构与高校传统专业设置之间出现断层。探索数字创意人才的培养模式，应多维度加以审视：一是美术功底、艺术创作等艺术基础维度，二是剧本写作、动画创意、产品设计、文化内容开发等创意维度，三是动画制作、计算机编程等技术维度，四是营销策划、团队管理、品牌包装等商业素养维度。数字创意产业实践要求四个维度的素养和能力能得到联合培养和融合发展。按照高校传统的专业设置，数字创意产业涉及高校内部已有的艺术、设计、计算机科学、传播学、新媒体、文学、战略管理、市场营销、人力资源管理、风险投资等学科和专业，它们分别隶属于不同的院系，师资、管理、培养、学分等要素处于分散状态。因此，要改革高校内部传统院系分离的管理体制，建立全校统筹的、跨学院资源整合的协同培养机制，实现学校层面对数字创意相关专业的协同培养。建立协同培养的信息系统，实现教师工作量计算的跨学院工分制，建立完善的教师教学、科研、技术研发和学生培养（如指导学生论

文、学生比赛、学生实践或实习）机制，激发教师工作积极性。同时，建立完善的学生学分转换机制，鼓励学生在完成基本必修课的情况下，跨学院、跨专业、跨年级选修课程，引导学生充分发现和发挥自身的“长板”，并在不同的学科、不同的文化氛围中，拓宽专业视野，培养学生自主、探究、研究性学习能力和创新能力。

参考文献

［1］杨永忠．创意管理学导论［M］．北京：经济管理出版社，2018.

［2］陈刚，宋玉玉．数字创意产业发展研究［J］．贵州社会科学，2019（02）：82–88.

［3］王博，张刚．中国数字创意产业发展研究：基于产业链视角［J］．中国物价，2018（03）：25–27.

［4］臧志彭．数字创意产业全球价值链重构：战略地位与中国路径［J］．科学学研究，2018，36（05）：825–830.

［5］陈洪，张静，孙慧轩．数字创意产业：实现从无到有的突破［J］．中国战略新兴产业，2017（01）：45–47.

［6］王红梅，杨燕英，王红．数字创意产业生态环境研究：模型构建及应用［J］．现代传播（中国传媒大学学报），2010（07）：143–144.

［7］夏光富，刘应海．数字创意产业的特征分析［J］．当代传播，2010，152（03）：70–71.

［8］王红梅，王红，岳继华．数字创意产业的区域生态环境：一个简单模型与案例研究［J］．经济管理，2010，32（07）：15–19.

［9］王红梅，李代民，孙莹．我国数字创意产业发展的制约因素分析：基于钻石模型视角［J］．福建论坛（人文社会科学版），2010（04）：100–103.

［10］周志强，夏光富．论数字创意产业［J］．新闻爱好者（理论版），2007，300（12）：14–15.

[11] 杨永忠，陈睿．基于价值链的游戏创意产品文化、技术、经济的融合研究：以竞争战略为调节变量［J］. 四川大学学报（哲学社会科学版），2017（03）：121–131.

[12] 高薇华．由价值链到价值网：动漫产业的内生增长模型［J］. 现代传播（中国传媒大学学报），2013，35（08）：100–105.

[13] 黄艳．中国视频网站的融合价值构建：基于产业融合的价值链延伸策略［J］. 编辑之友，2017（06）：48–53.

[14] 陈信康，兰斓．基于消费者体验的产品创意维度构成及测量［J］. 管理评论，2012，v.24（06）：66–73.

[15] 韦文杰．文化资源向资本转化的模式分析：基于动漫产业的经济力理论视角［J］. 编辑之友，2012（05）：65–66.

[16] 金韶．影视 IP 的价值评估和开发运营体系探析［J］. 电视研究，2017（03）：55–57.

[17] 刘兆明．版权再造：IP 开发的三种模式［J］. 编辑之友，2017（09）：86–90.

[18] 石蓉蓉，董健．论跨媒介叙事在我国网络 IP 剧中的应用［J］. 电视研究，2017（12）：46–48.

[19] 鲍娴．泛娱乐生态体系中的网络文学版权运营［J］. 中国出版，2017（17）：37–40.

[20] 江作苏，陈兰枝．媒介融合视域下数字出版内容生产的柔性框架特性探微［J］. 出版科学，2016（01）：5–9.

[21] 陈少峰．“互联网 + 文化产业”的价值链思考［J］. 北京联合大学学报（人文社会科学版），2015（04）：7–11.

[22] 傅瑜，隋广军，赵子乐．单寡头竞争性垄断：新型市场结构理论构建：基于互联网平台企业的考察［J］. 中国工业经济，2014（01）：140–152.

［23］丁宏，梁洪基．互联网平台企业的竞争发展战略：基于双边市场理论［J］．世界经济与政治论坛，2014（04）：118–127.

［24］冯乾，唐航．互联网众筹的双边市场困境及其发展路径［J］．经济体制改革，2015（02）：132–136.

［25］余晖，朱彤．互联网企业的梯度竞争优势：联众网络游戏成功的理论解释［J］．管理世界，2003（06）：119–127.

［26］蔡宁，王节祥，杨大鹏．产业融合背景下平台包络战略选择与竞争优势构建：基于浙报传媒的案例研究［J］．中国工业经济，2015（05）：96–109.

［27］王萌，王晨，李向民．数字内容产品特征及其商业模式研究［J］．科技进步与对策，2009（02）：45–48.

［28］刘霞，董晓松，姜旭平．数字内容产品消费扩散与模仿的空间模式：基于空间面板模型的计量研究［J］．中国管理科学，2014（01）：139–148.

［29］董晓松，刘霞，姜旭平．空间溢出与文化距离：基于数字内容产品扩散的实证研究［J］．南开管理评论，2013（05）：100–109.

［30］廉同辉，袁勤俭．北美产业分类体系的信息产业分类演化及启示［J］．统计与决策，2012（16）：22–26.

［31］崔维军，袁勤俭．欧盟产业分类体系的演化［J］．统计与信息论坛，2006（03）：31–34.

［32］李国秋，吕斌．国际标准产业分类新版（ISIC Rev.4）的信息产业分类分析［J］．图书情报知识，2010（05）：118–124.

［33］厉无畏．创意产业导论［M］．上海：学林出版社，2006.

［34］刘友金，赵瑞霞，胡黎明．创意产业组织模式研究：基于创意价值链的视角［J］．中国工业经济，2009，261（12）：46–55.

［35］林明华，杨永忠．创意产品开发模式：以文化创意助推中国创造

［M］. 北京：经济管理出版社，2014.

［36］陈睿，杨永忠 . 互联网创意产品运营模式："互联网 + 文化创意"的微观机制［M］. 北京：经济管理出版社，2016.

［37］姜荷 . VR 虚拟现实技术下影像表现形式的可行性分析及对电影产业格局的冲击与挑战［J］. 当代电影，2016（05）：134–137.

［38］巴里 . 科特曼 . 大电影产业［M］. 北京：清华大学出版社，2005.

［39］阮南燕，唐月民 . 全球价值链视阈下我国影视产业升级策略探究［J］. 学术交流，2011（04）：191–194.

［40］佟雪娜 . 数字在线音乐的产业价值链研究［J］. 艺术百家，2012，28（02）：70–75.

［41］赵沛 . 中国音乐产业的概念界定及其发展现状［J］. 华中师范大学研究生学报，2008，15（04）：144–148.

［42］金元浦 . 文化创意产业概论［M］. 北京：高等教育出版社，2010.

［43］喻莎莎 . 互联网影响下我国文化产业空间集聚变化趋势：基于省级面板数据的实证分析［J］. 商业经济研究，2017（14）：175–177.

［44］文嫮，吕惠燕 . 网络结构对中国区域电视剧产业发展的影响研究［J］. 中国软科学，2015（12）：88–102.

［45］臧志彭 . 数字创意产业全球价值链重构战略研究：基于内容、技术与制度三维协同创新［J］. 社会科学研究，2018（02）：45–54.

［46］蒋晓丽，张放 . 中国文化国际传播影响力提升的 AMO 分析：以大众传播渠道为例［J］. 新闻与传播研究，2009，16（05）：1–6.

［47］王长松，何雨，杨矞 . 中国文化产业政策演进研究（2002—2016）［J］. 南京社会科学，2018（07）：133–142.

［48］孔德 . 国家级文创园区遭摘牌：文化产业园要名副其实［N］. 中国文化报，2014–02–15.

［49］刘利永，黄琳，张京成 . 中国创意产业发展的关键性问题及新思

路［J］. 中国科技论坛，2008（10）：41–45.

［50］张霞，张欣 . 结构性视角下中国创意产业发展突破方略［J］. 学术交流，2010（09）：96–98.

［51］郭梅君 . 创意转型：创意产业发展与中国经济转型的互动研究［M］. 北京：中国经济出版社，2011.

［52］赵倩，杨秀云，雷原 . 文化创意产业政府规制与企业创新行为的演化路径［J］. 西安交通大学学报（社会科学版），2014，34（03）：50–56.

［53］王曦 . 澳大利亚文化创意产业发展对我国的启示：以“昆士兰模式”为例［J］. 中央财经大学学报，2013（01）：71–77.

［54］宋春光，王舒 . 文化创意产业知识产权保护问题探讨：基于移动互联网视阈［J］. 学术交流，2013（11）：192–195.

［55］秦昕，胡宗谦 . 数字时代的版权保护问题浅析［J］. 编辑之友，2010（12）：101–103.

［56］王琴 . 知识产权视野下的移动互联网法律问题研究［J］. 湖北警官学院学报，2012，25（10）：120–121.

［57］李明德 . 互联网与知识产权法律制度［J］. 环球法律评论，2001（01）：65–67.

［58］王素娟 . 我国文化创意产业发展中涉及的主要法律问题［J］. 科技管理研究，2012，32（13）：166–169.

［59］齐骥 . 国外文化产业集群发展的借鉴与思考［J］. 城市观察，2013（03）：102–110.

［60］郭俊华 . 经济转型时期行业协会功能与政府职能的转变［J］. 商业时代，2007（29）：66–67.

［61］张艳，荆林波，彭品志 . 我国文化市场建设中的行业协会治理功能［J］. 中国流通经济，2014，28（08）：37–42.

［62］闫坤，于树一 . 支持文化产业发展的财税金融政策研究［J］. 华

中师范大学学报（人文社会科学版），2015，54（03）：9–21.

［63］陆岷峰，张惠．文化产业大发展的金融支持系统研究［J］．江西财经大学学报，2012（02）：26–34.

［64］西沐，宗娅琮．我国文化产业投融资平台建构的理论分析［J］．北京联合大学学报（人文社会科学版），2018，16（02）：58–67.

［65］贾旭东．文化产业金融政策研究［J］．福建论坛（人文社会科学版），2010（6）：41–51.

［66］张伟，周鲁柱．我国文化产业投融资存在的问题及基本对策［J］．现代传播（中国传媒大学学报），2006（04）：106–112.

［67］孟茜宏．数字创意产业复合型人才培养机制研究［J］．现代教育管理，2018（06）：114–117.

［68］李利军．OBE 理念视阈下数字创意人才培养改革探讨：以深圳地区高校为例［J］．职业技术教育，2018，39（11）：40–44.

［69］邓文君．数字时代法国文化创意产业的创意环境构建研究［J］．深圳大学学报（人文社会科学版），2014，31（06）：141–145.

［70］李凤亮，赵雪彤．数字创意产业与国家文化软实力提升路径研究［J］．广西民族大学学报（哲学社会科学版），2017，39（06）：2–7.

［71］夏敏，甄巍，高薇华，等．动漫高端人才联合培养的探索与实践［J］．中国大学教学，2016（12）：44–46.

［72］陈利，陈睿．我国文化产业行业协会发展研究［J］．现代交际，2019（13）：252–253.

［73］陈睿，陈利．数字创意产业人才协同培养机制探析［J］．高教论坛，2019（08）：84–87.

［74］陈睿，杨永忠，陈利．美英日动漫游戏产业发展的三维比较分析及启示：基于经济、技术和社会的整合框架［J］．西华大学学报（哲学社会科学版），2019，38（01）：98–104.

[75] 陈睿，陈利，刘凌艳 . 互联网创意产品生态系统研究：基于组织生态理论 [J]. 广西师范学院学报（哲学社会科学版），2016，37（04）：15–25.

[76] 陈利，陈睿 . 数字创意产业财政金融体制创新 [J]. 当代经济，2019（10）：32–34.

[77] 杨永忠，林明华，陈睿，等 . 推动文化产业成为国民经济支柱产业的三维模式研究 [R]. 2017.

[78] MARCHAND A，HENNIG-THURAU T. Value Creation in the Video Game Industry：Industry Economics，Consumer Benefits，and Research Opportunities [J]. Journal of Interactive Marketing，2013，27（03）：141–157.

[79] GIDHAGEN M，RIDELL O P，SORHAMMAR D. The Orchestrating Firm：Value Creation in the Video Game Industry [J]. Managing Service Quality，2011，21（04）：392–409.

[80] SEIDEL S. Toward a Theory of Managing Creativity-intensive Processes：A Creative Industries Study [J]. Information Systems and E-Business Management，2011，9（04）：407–446.

[81] CADIN L，GUERIN F. What Can We Learn from the Video Games Industry? [J]. European Management Journal，2006，24（04）：248–255.

[82] DUNLOP J C. The U.S. Video Game Industry：Analyzing Representation of Gender and Race [J]. International Journal of Technology and Human Interaction，2007，3（02）：96–109.

[83] LÊ P L，MASSÉD，Paris T. Technological Change at the Heart of the Creative Process：Insights from the Videogame Industry [J]. International Journal of Arts Management，2013，15（02）：45–59.

[84] IP B，JACOBS G. Quality Function Deployment for the Games

Industry: Results from a Practical Application [J] . Total Quality Management & Business Excellence, 2006, 17 (07): 835-856.

[85] IP B, JACOBS G. Quality in the Games Industry: An Analysis of Customer Perceptions [J] . International Journal of Quality & Reliability Management, 2006 (05): 531-546.

[86] YOON H, MALECKI E J. Cartoon Planet: Worlds of Production and Global Production Networks in the Animation Industry [J] . Industrial and Corporate Change, 2010, 19 (01): 239-271.

[87] GARMANN JOHNSEN I H. Formal Project Organization and Informal Social Networks: Regional Advantages in the Emergent Animation Industry in Oslo, Norway [J] . European Planning Studies, 2011, 19 (07): 1165-1181.

[88] MARTIN NUNEZ M. Planet 51 and the Pixar-ization of the Spanish Animation Industry [J] . Atalante-Revista De Estudios Cinematograficos, 2010 (10): 26.

[89] BOROWIECKI K J, PRIETO-RODRIGUEZ J. Video Games Playing: A Substitute for Cultural Consumptions? [J] . Journal of Cultural Economics, 2015, 39 (03): 239-258.

[90] O'DONNELL C. The Nintendo Entertainment System and the 10NES Chip: Carving the Video Game Industry in Silicon [J] . Games And Culture, 2011, 6 (01): 83-100.

[91] BALLAND P, DE VAAN M, BOSCHMA R. The Dynamics of Interfirm Networks Along the Industry Life Cycle: The Case of the Global Video Game Industry, 1987—2007 [J] . Journal of Economic Geography, 2013, 13 (05): 741-765.

[92] SRINIVASAR A, VENKATRAMAR N. Indirect Network Effects and Platform Dominance in the Video Game Industry: A Network Perspective [J] .

IEEE Transactions on Engineering Management, 2010, 57 (04): 661–673.

[93] LANDSMAN V, STREMERSCH S. Multihoming in Two-Sided Markets: An Empirical Inquiry in the Video Game Console Industry [J]. Journal of Marketing, 2011, 75 (06): 39–54.

[94] GRETZ R T. Hardware Quality vs. Network Size in the Home Video Game Industry [J]. Journal of Economic Behavior & Organization, 2010, 76 (02): 168–183.

[95] GIL R, WARZYNSKI F. Vertical Integration, Exclusivity, and Game Sales Performance in the US Video Game Industry [J]. Journal of Law Economics & Organization, 2015 (31): 143–168.

[96] MUNDORF N, BRYANT J. Realizing the Social and Commercial Potential of Interactive Technologies [J]. Journal of Business Research, 2002, 55 (8): 665–670.

[97] MCKENNA K Y A, BARGH J A. Causes and Consequences of Social Interaction on the Internet: A Conceptual Framework [J]. Media Psychology, 1999, 1 (03): 249–269.

[98] BADRINARAYANAN V A, SIERRA J J, MARTIN K M. A Dual Identification Framework of Online Multiplayer Video Games: The Case of Massively Multiplayer Online Role Playing Games (MMORPGs) [J]. Journal of Business Research, 2015, 68 (05): 1045–1052.

[99] SHANKAR V, BAYUS B L. Network Effects and Competition: An Empirical Analysis of the Home Video Game Industry [J]. Strategic Management Journal, 2003, 24 (04): 375–384.

[100] HOU R, WU J W, DU H S. Customer Social Network Affects Marketing Strategy: A Simulation Analysis Based on Competitive Diffusion Model [J]. Physica a-statistical Mechanics and its Applications, 2017, 469: 644–

653.

[101] KAPTEIN M, PARVINEN P, POYRY E. The Danger of Engagement: Behavioral Observations of Online Community Activity and Service Spending in the Online Gaming Context [J] . International Journal of Electronic Commerce, 2016, 20 (01): 50–75.

[102] COX J, KAIMANN D. How do Reviews from Professional Critics Interact with other Signals of Product Quality? Evidence from the Video Game Industry [J] . Journal of Consumer Behaviour, 2015, 14 (6SI): 366–377.

[103] CLAUSSEN J, FALCK O, GROHSJEAN T. The Strength of Direct Ties: Evidence from the Electronic Game Industry [J] . International Journal of Industrial Organization, 2012, 30 (02): 223–230.

[104] BURGER–Helmchen T, COHENDET P. User Communities and Social Software in the Video Game Industry [J] . Long Range Planning, 2011, 44 (5–6): 317–343.

[105] MARCHAND A. The Power of an Installed Base to Combat Lifecycle Decline: The Case of Video Games [J] . International Journal of Research in Marketing, 2016, 33 (01): 140–154.

[106] WIPO. Guide on Surveying the Economic Contribution of the Copyright–Based Industries [M] . WIPO Publication, 2003.

[107] IIPA. Copyright Industries in the U.S. Economy: The 2013 Report [R] . 2013.

[108] THROSBY D. The Economics of Cultural Policy [M] . Cambridge: Cambridge University Press, 2010.

[109] OECD. Information Economy–Sector Definitions Based on the International Standard Industry Classification (ISIC 4) [R] . 2006.

[110] OECD. Guide to Measuring the Information Society [R] . 2009.

［111］EBBERS J J W N. Latent Organizations in the Film Industry: Contracts, Rewards and Resources［J］. Human Relations, 2009, 62（07）: 987–1009.

［112］MARSHALL A. Principles of Economics［M］. London: MacMillan, 1930.

［113］SANTAGATA W. Ch.21: Cultural Districts［M］// Towse R. A Handbook of Cultural Economics. Second Edition. Cheltenham: Edward Elgar, 2011: 147–152.

［114］SANTAGATA W. Ch.31: Cultural Districts and Their Role in Developed and Developing Countries［M］// Ginsburgh V A, Throsby D. Handbook of the Economics of Art and Culture Elsevier B.V., 2006: 1101–1119.

［115］KANAZAWA M. Creative and Sustainable City［J］. Policy Science, 2003, 5（02）: 12.

［116］GEREFFI G, HUMPHREY J, STURGEON T. The Govermance of Global Value Chains［J］. Review of International Political Economy, 2005, 12（01）: 78–104.

［117］BARKEMA H G, PENNINGS J M. Foreign Entry, Cultural Barriers, and Learning［J］. Strategic Management Journal, 1996, 17（02）: 151–166.

［118］HOSKINS C, MIRUS R. Reasons for the U.S. Dominance of the International Trade in Television Programme［J］. Media Culture & Society, 1988（10）: 499–515.

重要术语索引表

后　记

本书的写作起源于我攻读博士学位期间的研究工作。2012 年 9 月，我在中国移动工作近 4 年后，考入四川大学商学院攻读管理学博士学位，有幸师从杨永忠教授，从事文化创意管理方向的学习和研究。

杨永忠教授是中国创意管理学科的奠基者和开创者。杨老师学识渊博，治学严谨，有大师风范。当时，杨老师正在开展创意管理学的早期基础性研究工作。在杨老师的指导下，我基于自身专业背景和从业经历，将自己的主攻方向确定为文化产业数字化的相关研究，在杨老师主持的国家社会科学基金重点项目“推动文化产业成为国民经济支柱产业研究”（12AZD018）的总体研究框架下，我对动漫游戏和数字出版两个细分产业进行研究。在杨老师的悉心指导和家人的全力支持下，通过 4 年的艰苦努力，我得以顺利完成博士学业。

2016 年 6 月博士毕业以后，我进入西华大学人文学院（现文学与新闻传播学院）文化产业管理系从事教学科研工作。3 年来，我得到了徐元彬书记、王莉书记、谢应光院长、王学东副院长、范佳副院长、徐攀副院长等学院领导和老师们的关心和帮助，得以顺利完成在两个完全不同的行业和城市之间的艰难转换过程，得以基本平衡好事业和家庭之间的关系，逐步开启新的科研发展道路。2016 年 3 月，中央明确提出“大力发展数字创意产业”的要求以后，我结合自身前期研究，开始跟踪观察数字创意产业的实际发展状况，并渐渐为这一全新产业发展的速度、规模和创新性所震撼，深深体会到了中央决策的重大意义，也体会到了这其中蕴藏的巨大研究机会。在这一过程中，我萌生了撰写本书的想法，开始着手整理 2012 年下半年以来的课题研究资料。

在本书的写作过程中，四川大学商学院杨永忠教授对书稿进行了审阅，并对本书的理论分析部分提出了宝贵的建议。四川大学锦城学院陈利老师参与了政策研究，并对本书的政策分析部分提出了中肯的建议。在此向两位老师表示最诚挚的感谢！

本书的研究建立在前辈和同行研究的基础上，建立在实务界杰出经营管理人士的辛勤劳动基础上，在此向他们一并表示最诚挚的感谢。本书是四川大学商学院杨永忠教授主持的国家社会科学基金重点项目“推动文化产业成为国民经济支柱产业研究”（12AZD018）的系列研究成果之一，同时也是我主持的国家自然科学基金面上项目“数字创意产品多业态联动开发机理及模式研究”（71874142）的重要研究基础。对数字创意产业的研究具有典型的多学科交叉特性，具有很大的挑战性。数字创意产业发展过程中的许多现象，背后蕴藏着不少理论创新点，而对这些理论创新点的深入研究，是需要集合多个学科专家学者的智慧、综合运用跨学科的方法来进行深入探究的。因此，本书仅为抛砖引玉之作，期待更多的学者关注我国数字创意产业的发展问题。

本书的出版得益于中国经济出版社的支持和厚爱，在此谨表示最诚挚的谢意！

陈睿

2019 年 9 月